UNIVERSITY OF NORTH CAROLINA AT CHAPEL HILL
DEPARTMENT OF ROMANCE LANGUAGES

NORTH CAROLINA STUDIES
IN THE ROMANCE LANGUAGES AND LITERATURES

Founder: URBAN TIGNER HOLMES

Distributed by:

UNIVERSITY OF NORTH CAROLINA PRESS
CHAPEL HILL
North Carolina 27514
U.S.A.

NORTH CAROLINA STUDIES IN THE
ROMANCE LANGUAGES AND LITERATURES

Number 189

BLAS DE OTERO EN SU POESÍA

Blas de Otero

Ama la nación de sus padres.
Ama y defiende al desvalido.
Rehúsa el desorden que encubre
Todo el abuso establecido.
A su Dios clamando tutea
Por entre ademanes de artista.
Pide la paz y la palabra.
Suena aún. En ella se alista.
Tiene a oír su frase puntual
La minoría en crecimiento.
Hombre y poeta juntos dicen
Con una sola voz: no miento.

Jorge Guillén

1974

BLAS DE OTERO EN SU POESÍA

BY

MORAIMA DE SEMPRÚN DONAHUE

CHAPEL HILL

NORTH CAROLINA STUDIES IN THE ROMANCE
LANGUAGES AND LITERATURES

U.N.C. DEPARTMENT OF ROMANCE LANGUAGES

1977

Library of Congress Cataloging in Publication Data

Donahue, Moraima de Semprún.
    Blas de Otero en su poesía.

    (North Carolina studies in the romance languages and literatures; no. 189)
    Bibliography: p.
    1. Otero, Blas de — Criticism and interpretation. I. Title. II. Series.

PQ6627.T35Z65   861'.6'4   77-8404
ISBN 0-8078-9189-4

I.S.B.N. 0-8078-9189-4

DEPÓSITO LEGAL: V. 1.909 - 1977   I.S.B.N. 84-399-6616-4
ARTES GRÁFICAS SOLER, S. A. - JÁVEA, 28 - VALENCIA (8) - 1977

Dedico este libro a don Rafael Supervía, inspirador y amigo, humanista por excelencia, cuya gran ayuda y aliciente facilitó su composición, y a mi marido John, compañero amado y constante apoyo espiritual.

ÍNDICE

Pág.

Introducción 13

Capítulo

   I. TEMAS 31
      La soledad 31
      El tema de España 43
      Compañerismo-hermandad 59
      La paz 68
      La guerra 79

  II. TEMAS MENORES 85
      Amor-sensualidad 85
      Dios 93
      La muerte 105
      El marxismo-la libertad 109

 III. METÁFORAS-SÍMBOLOS-IMÁGENES 115
      El mar 116
      El aire 123
      El árbol 128
      Río 132
      Sombra-luz 134
      Colores 139
      Imágenes corporales 144
      Hombros 149

 IV. EL ESTILO 153
      El encabalgamiento 155
      Reiteración, aliteración, retruécano, dilología 162
      Frases hechas 174
      Citas ajenas 180

Reiteración estrófica	186
Poemas sin puntuación	190
La colocación de palabras en algunos poemas: su función.	195
Palabras cortadas	198
Conclusión	201
Publicaciones oterianas en forma de libros, folletos y cuadernos de poesía	203
Bibliografía	205
Apéndice	207

ABREVIATURAS EMPLEADAS PARA DESIGNAR LAS OBRAS OTERIANAS DE QUE NOS HEMOS SERVIDO EN NUESTRO ESTUDIO

AL	*Albor* (Cuaderno de poesía), Ediciones Lauda, marzo 1941.
PB	*Poesías en Burgos*, El Escorial, Madrid, agosto 1943.
CE	*Cántico espiritual*, Cuadernos del grupo "Alea", número 2, San Sebastián, marzo 1942.
AFH	*Ángel fieramente humano*, Editorial Losada, S. A., Buenos Aires, 1960.
RC	*Redoble de conciencia*, Editorial Losada, S. A., Buenos Aires, 1960.
AN	*Ancia*, A.P. Editor, Barcelona, 1958.
PPP	*Pido la paz y la palabra* (Con la inmensa mayoría), Editorial Losada, S. A., Buenos Aires, 1960.
EC	*En castellano* (Con la inmensa mayoría), Editorial Losada, S. A., Buenos Aires, 1960.
ENEUL	*Esto no es un libro*, Cuadernos de Cultura y Cultivo, Editorial Universitaria, Universidad de Puerto Rico, Río Piedras, 1963.
QTE	*Que trata de España*, Editions Ruedo Ibérico, París, 1964.
ER	*Expresión y reunión* (1941-1969), Alfaguara, S. A., Madrid-Barcelona, 1969.

INTRODUCCIÓN

Se sabe muy poco de la vida de Blas de Otero. Aparte de algunas reseñas encontradas en antologías y uno o dos libros de crítica, donde todos vienen a decir lo mismo, sólo contamos con algunas escuetas noticias aclaratorias que el poeta se prestó a hacernos por carta. Resumiendo toda nuestra información, sabemos que está casado, que nació el 15 de marzo de 1916 en Bilbao, y que pasó su infancia y adolescencia en su ciudad natal y en Madrid donde sacó el bachillerato. Sabemos asimismo que algunos de sus estudios los efectuó con los jesuitas. Más tarde cursó la carrera de Derecho, que no ejerce, y estudió también la de Filosofía y Letras, pero la abandonó. En la época de la guerra civil española, luchó con los dos bandos. Durante algún tiempo se dedicó a la enseñanza. Ha viajado extensamente por España y el extranjero y residido largo tiempo en Cuba y en otros países socialistas: "En total yo habré vivido unos cinco años en distintos países del campo socialista".[1] También conoce a fondo Barcelona y París, ciudades donde ha permanecido largas temporadas. Ahora vive en Madrid, pero pasa mucho tiempo en Bilbao. Actualmente viaja, escribe y da conferencias y lecturas de su poesía.

Con el propósito de conocer más profundamente al hombre y al poeta, reconstruiremos ciertos aspectos de su vida y manera de pensar, mediante el estudio y el análisis de sus poemas autobiográficos y aquellos especialmente subjetivos, de igual modo concentrando nuestros esfuerzos en procurar dar una clara visión de cuál es la posición del autor ante la poesía propiamente y la literatura en términos generales. Para cumplir este propósito contamos con la ayuda del propio

---

[1] Antonio Núñez, "Encuentro con Blas de Otero", *Ínsula*, junio, 1968, pág. 3.

Blas de Otero que indica la importancia que tiene su poesía autobiográfica y autorretratista en particular, como fuente aclaratoria de su vida y de su íntimo pensamiento. En una de las cartas que dirigimos a Otero, formulamos entre otras la pregunta de si podíamos suponer que sus poemas autobiográficos, o con fuertes indicios subjetivos, podían ser tomados al pie de la letra. Su respuesta fue una sola palabra: "Casi".

No creemos en absoluto que este enfoque nuestro carezca de sentido crítico legítimo, aunque no se ajuste estrictamente al de rigor. Pero no sólo nos lleva a ello la propia admisión del poeta respecto a la importancia y veracidad que se debe dar a su obra autobiográfica, sino que por encima consideramos a Blas de Otero un escritor en extremo subjetivo, que se relaciona y adentra íntimamente en su poesía, dándole un sello muy personal.

También juzgamos sea de provecho dar un enfoque cronológico al contenido de sus poemas, no por la fecha en que fueron escritos, sino por lo que expresan, pues Otero evoca sucesivamente acontecimientos y situaciones que aclaran y dan sentido a la trayectoria de su vida.

Partiendo de hechos conocidos, entre otros que durante su niñez vivió en Bilbao y en Madrid, queremos demostrar en qué estado se encontraba el alma del niño, sobre todo dentro del ambiente colegial. Empecemos por interpolar la aserción de que Otero es un hombre que ha sufrido mucho, "yo soy un hombre literalmente amado / por todas las desgracias" (PPP 47). A pesar de esto, siempre reinó la esperanza y el optimismo en su visión del futuro, "—y gracias que es tan gran / de la esperanza" (ibid). Este sufrimiento suyo comenzó temprano y dejó una huella indeleble en su vida: "Barrizales / del alma niña y tierna y destrozada" (ENEUL 63).

Muchos de sus estudios fueron efectuados bajo la dirección de profesores religiosos, en un ambiente de recelo, severidad y represión intelectual, que contribuyó en gran manera a crear en el poeta una marcada desconfianza y desprecio hacia los curas y que explica, hasta cierto punto, la crítica despectiva que notamos en contra de la Iglesia católica, la cual comienza muy pronto en su obra, y se encuentra repartida por toda ella. En uno de los poemas más reveladores de la vida del poeta, "Biotz-Begietan" (PPP 49), tenemos unos cuantos versos muy explícitos de esta posición anti-religiosa. Empieza de lleno explicando: "Ahora voy a contar la historia de mi vida" para pasar a quejarse de:

> Aquellos hombres me abrasaron, hablo
> del hielo aquel de luto atormentado,
> la derrota del niño y su caligrafía
> triste, trémula flor desfigurada.
>
> Madre, no me mandes más a coger miedo
> y frío ante un pupitre con estampas.

En otra ocasión se refiere a Bilbao como "villa despiadada y beata" (ENEUL 63). Su recuerdo de los días colegiales es casi siempre triste, como se comprueba de nuevo en los siguientes versos:

> Cuánto Bilbao en la memoria. Días
> colegiales. Atardeceres grises,
> lluviosos. Reprimidas alegrías,
> furtivo cine, cacahuet, anises. (ENEUL 63)
>
> Llueve en Bilbao y llueve, llueve, llueve
> livianamente, emborronando el aire,
> las oscuras fachadas y las débiles
> lomas de Archanda. Mansamente llueve
>
> sobre mi infancia colegial e inerme... (ENEUL 65)

En una de sus "Historias fingidas y verdaderas" titulada "Mediobiografía 5-21" (ER 274), en la cual se refiere Otero a sus años infantiles que empiezan llenos de ilusión y acaban con una nota de desesperación, "el niño llorando en la terraza, sabiendo todo lo que le espera", relata el poeta otros incidentes, unos relacionados de nuevo con su asistencia al colegio, otros, acontecimientos ocurridos en su vida y que debieron causar una gran impresión en su estado de inocencia infantil. Sobre todo llaman la atención las siguientes líneas: "El niño va al colegio, baja por Fernández del Campo y llega a Indauchu con dolor de estómago; en la capilla, siente ganas de vomitar". Un poco más tarde continúa el poeta, lo que atestigua lo biográfico del resto del relato: "En la esquina de la calle Sevilla es derribado por un taxi, sube hasta la Cibeles cubriéndose la mano izquierda con el pañuelo. Sobre el papel estoy viendo ahora la cicatriz, doy vuelta a la mano y miro el resto de la marca bajo el dedo anular. El médico de guardia tuvo que cortar la sortija que me habías, jarroncito de porcelana, dejado unos días antes". [2] Luego comenta su asistencia al colegio religioso y los estudios efectuados en este ambiente académico. Señala la clase de aritmética con disgusto porque "todo aquello le suena a mentira". Más tarde, por leer unos versos que no estaban conformes con sus deberes estudiantiles impuestos por los profesores, "el cura que vigila a los alumnos se ha acercado al niño y le ha dado una fuerte bofetada".

Aunque, como se ha dicho, en la mayoría de los casos las referencias oterianas a episodios recordados de su niñez y adolescencia son de carácter apesadumbrado, no todo ha de ser tristeza y malos recuerdos de sus años juveniles pasados en su patria chica y en Madrid:

He aquí el puente
junto a la plaza del Ayuntamiento.
Piedras del río
que mis pies de trece años
traspusieron, frontón
en que tendí, diariamente, los músculos
de muchacho,
tamboril de la aldea
maternal, atardeceres
en las tradicionales romerías
de Ibarra, Murueta,
Luyando, mediodía
en el huerto
de la abuela,
luz de agosto irisando los cerezos,
pintando los manzanos, puliendo
el fresco peral,
patria mía pequeña,
escribo desde lejos,
retengo las lágrimas y, por todo
lo que he sufrido y vivido,
soy feliz. (ENEUL 68)

Madrid, divinamente
suenas, alegres días
de la confusa adolescencia,
mañanas escolares, rauda huida

---

[2] "Jarroncito de porcelana" es el apodo que da el poeta a una jovencita que parece representar un amor adolescente y que menciona varias veces en su obra.

> al Retiro, risas
> de jarroncito de porcelana,
> tarde
> de toros en la roja plaza vieja,
> ruido de navidad en las aceras...
>
> bullicio
> de san Antonio o san Isidro... (ENEUL 71)

Sin embargo termina el poema de nuevo en tono afligido, con una nota que se refiere a los años de la guerra civil española del 36:

> ...pueblo derramado aquel 14
> de abril, alegre,
> puro, heroico Madrid, cuna y sepulcro
> de mi revuelta adolescencia.

Unidas a las referencias escolares, nos describe Otero algunas impresiones de sus años pasados en la capital española y en Bilbao: "Esto es Madrid,... Días de hambre, escándalos de hambre" (PPP 50). Pero es sobre todo a la ciudad vasca hacia la que dirige su mayor encono:

> ...ciudad donde las almas son de barro
> y el barro embarra todas las estrellas.
>
> Laboriosa ciudad, salmo de fábricas
> donde el hombre maldice, mientras rezan
> los presidentes de Consejo: oh altos
> hornos, infiernos hondos en la niebla.
>
> Y voy silbando por la calle. Nada
> me importas tú, ciudad donde naciera... (PPP 125)

en torno sarcástico,

> En Bilbao hay una calle
> que le dicen de Unamuno,
> aunque somos muy beatos
> y también un poco brutos,
> hemos querido poner
> los herejes en su punto,
> que no digan malas lenguas
> que si cultos, que si incultos,
> que aquí de cultos tenemos

> casi tanto como fútbol,
> desde la misa mayor
> hasta el rosario minúsculo, (QTE 139)

Después de muchos años de sufrimientos, se torna más comprensivo y piensa con cierto cariño y con nostalgia en la villa donde nació:

> Yo, cuando era joven,
> te ataqué violentamente,
> te demacré el rostro,
> porque en verdad no eras digna de mi palabra,
> sino para insultarte...
>
> ...esta noche
> no puedo dormir, y pienso en tus tejados,
> me asalta el tiempo huido entre tus calles,
> y te llamo desoladamente desde Madrid,
> porque sólo tú sostienes mi mirada,
> das sentido a mis pasos
> sobre la tierra:... (ER 291)

Siempre se encuentra rememorando, desde París, en donde conoce la rebelión espiritual, "y allí sufrí las iras del espíritu" (PPP 50), o desde Moscú, Shanghai, La Habana, y entre sus recuerdos se mezcla el insulto y la conmiseración hacia la ciudad de su nacimiento:

> ...recuerdo que en París aun me ahogaba tu cielo
>   de ceniza,
> luego alcancé Moscú como un gagarin de la guerra fría,
> y el resplandor de tus fábricas
> iluminó súbitamente las murallas del Kremlin,
> cuando bajé a Shanghai sus muelles se llenaban de barcos
>   del Nervión,
> y volé a La Habana y recorrí la Isla
> ladeando un poco la frente,
> porque tenía necesidad de recordarte y no perderme
> en medio de la Revolución,
> ciudad de monte y piedra, con la mejilla manchada por la
>   más burda hipocresía, (ER 291 y 292)

Con frecuencia precisa el poeta una etapa de su vida señalando incluso los años que tiene, y hace esto con frecuencia para meditar en el pasado y en tono pesimista, pues se siente como un ser inútil dentro de la existencia que ha llevado: "En este momento, tengo treinta y tres años encima / de la mesa del despacho / y un pequeño residuo de meses sobre el cenicero de plata" (RC 123). Unos años más tarde, cuando escribe "Noticias de todo el mundo" (QTE 47), dirá el poeta con ese mismo tono de reproche:

> A los 47 años de mi edad,
> da miedo decirlo, soy sólo un poeta español
> (dan miedo los años, lo de poeta y España)
> de mediados del siglo XX. Esto es todo.
> ¿Dinero? Cariño es lo que yo quiero,
> dice la copla. ¿Aplausos? Sí, pero no me entero,
> ¿Salud? Lo suficiente. ¿Fama?
> Mala. Pero mucha lana.
> Da miedo pensarlo, pero apenas me leen
> los analfabetos, ni los obreros, ni los
> niños.
> Pero ya me leerán. Ahora estoy aprendiendo
> a escribir, cambié de clase,
> necesitaría una máquina de hacer versos,
> perdón, unos versos para la máquina
> y un buen jornal para el maquinista, (QTE 47)

versos muy reveladores, ya que son más detallistas que otros anteriormente citados. Además aquí nos enfrentamos con una fina ironía y fuerte sarcasmo, de mucha más intensidad que en otras obras autobiográficas. Por encima de esto nos está indicando objetivamente lo que ha estado sucediendo en su vida exterior y no tanto la interior. Continuará de ahora en adelante, esta acción reveladora en donde subjetiviza su obra de una manera, que no cabe duda que es el hombre Blas de Otero quien nos está hablando:

> Ahora es cuando puedes empezar a morirte,
> distraerte un poco después de haber terminado tu séptimo libro,
> ahora puedes abandonar los brazos a lo largo del tiempo
> y aspirar profundamente entornando los párpados,
> piensa en nada
> y olvida el daño que te hiciste,
> la espalda de Matilde
> y su sexo convexo,
> ahora mira la lluvia esparcida por el mes de noviembre,
> las luces de la ciudad
> y el dinero que cae en migajas los sábados a las seis...
>   (QTE 49)

En su "Crónica de una juventud" (QTE 157), vuelve a recordar cómo pasaron los años jóvenes de su vida:

> Pasó sin darme cuenta. Como un viento
> en la noche. (Y yo seguí dormido.)
> Oh grave juventud. (Tan grave ha sido,
> que murió antes de su nacimiento.) (QTE 157)

Luego rememora de nuevo la época de la guerra española del 36:

> ¿Quién dirá que te vio, y en qué momento
> en campo de batalla convertido
> el ibero solar? Ay! en el nido
> de antaño oi silbar
> las balas. (ibíd.)

Más tarde cambiará su vida, "ordené el fusilamiento / de mis años sumisos" y terminará uniéndose al hombre para luchar con él a favor de la "imperecedera juventud".

En una de sus "Historias fingidas y verdaderas" que lleva el título de "Manifiesto" (ER 273), relata cómo recorre España de punta a punta, entrando en "aldeas, villas, ciudades". Al recorrido físico añade un recorrido moral en el que, hablando de sí mismo en la tercera persona, dirá: "fingió desentenderse de los hombres y ha penetrado en todas las clases, ideologías, miseria y pugnas de su tiempo: Ha porfiado contra la fe, la desidia y la falsedad". Luego menciona sus lecturas donde la ironía abunda, pues reconoce la falsedad de las "hermosas y lamentables páginas", y con tristeza y desaliento también se refiere a su propia obra, "ha escrito unas pocas líneas ineludibles". Se arrepiente porque "ha dejado que hablen la envidia sin causa y el odio sin pretexto".

Termina diciendo: "Un hombre recorre su historia y la de su patria y las halló similares, difíciles de explicar y acaso tan sencilla la suya como el sol, que sale para todos".

Siguiendo la trayectoria del pensamiento oteriano revelado en el subjetivismo de sus poemas, notamos que su primera poesía empieza por concentrarse únicamente en sus propios problemas e íntima personalidad:

> En calidad de huérfano nonato,
> y en condición de eterno pordiosero,
> aquí me tienes, Dios. Soy Blas de Otero,
> que algunos llaman el mendigo ingrato.

> Grima me da vivir, pasar el rato,
> tanto valdría hacerme prisionero
> de su sueño. Si es que vivo porque muero,
> ¿a qué viene ser hombre o garabato? (ANCIA 52)

Entonces sólo se interesaba en el hombre en abstracto, y dentro de este tema, el papel que éste hace ante Dios, en un mundo incomprensible para él.

Pero muy pronto pasa a reconocer la importancia de sumergirse en la realidad intrínseca de la vida humana que le circunda y su compromiso en defensa de la justicia social será total y completo a partir de PPP.

Desde este mismo momento, queda absorbida su personalidad dentro de su identificación con la angustia de la colectividad, y no únicamente con la suya propia.

Esta declaración nos lleva a discutir la posición de Otero en relación a la llamada "poesía social", con la cual se le ha identificado en ocasiones, y cuya afiliación creemos conviene aclarar debidamente.

Leopoldo de Luis en un excelente prólogo a su libro "Poesía social",[3] expresa de forma precisa lo que entiende por este estilo de poesía. Primero explica las diferencias y similaridades entre la poesía de carácter "social, civil o política", para llegar a una mejor comprensión de la que ahora nos interesa particularmente. Según el crítico la social y la civil tienen en común "su historicidad, su realismo y su participación épica o narrativa". Pero la civil "va a cantar, con tono más heroico que emocionado", y la social "va a fundirse con la situación real de las gentes de su tiempo". Mientras que ésta "coincide con la poesía política en aquellos aspectos de realismo, historicidad y narratividad, comunes en la poesía civil y además en su carácter comprometido, al margen de todo dogma o consigna". Un poco más tarde, en el mismo prólogo dirá, "la poesía social no prejuzga soluciones, sino que denuncia estados que han de corregir. Es una poesía de testimonio, comprometida con la verdad... es obvio que la poesía social parte de un realismo, tiene un claro matiz histórico: un *aquí* y un *ahora*, y se objetiviza narrativamente —notas compartidas con la poesía política— deben añadirse el carácter testimonial y la intención denunciadora. Ambas cosas, pues el testimonio, por sí solo, no

---

[3] Leopoldo de Luis, *Poesía social* (Alfaguara, Madrid-Barcelona, 1969), pág. 11.

es suficiente. Un poeta no es un mero testigo, ni un notario. Es, además protagonista: está inmerso como hombre en las circunstancias que impulsan sus poemas y muchas veces las padece". Pasa a explicar la diferencia entre "padecer" y "compadecer", recalcando que el poeta social no se compadece, pues ello lleva consigo un matiz caritativo e individualista, propio de la poesía caritativa, mientras que a la social le "importa la situación de una clase" (pág. 12).

De interés particular en este prólogo es la definición que nos da del poeta con intenciones sociales en su poesía: "El poeta en la poesía social incorpora a su obra preocupaciones y sentimientos tan legítimos poéticamente como cualesquiera otros: amorosos, religiosos, estéticos. Su postura ante la realidad del mundo en que vive le lleva a convertir esas experiencias, y precisamente ésas, en materia poética" (p. 13). Un poco más tarde afirma que la poesía social es poesía de protesta, "se alza contra una situación que considera injusta y es revolucionaria, porque va motivada por un deseo de que se transformen determinadas estructuras sociales".

Leopoldo de Luis explica que, "lo que entendemos por inquietud social es... defensa de la dignidad humana y nivelación de las desigualdades económicas... la poesía social defiende, en el más amplio sentido, al hombre único, igual y libre" (pág. 15).

Teniendo en cuenta todas, o incluso sólo algunas de estas acepciones en cuanto se atienen a una definición detallada de lo que es la poesía social, no es de extrañar que se haya incurrido con frecuencia en llamar a Blas de Otero un poeta social, pues está intensamente preocupado con el hombre histórico y su posición dentro del mundo y la hora en que le ha tocado vivir, es un poeta denunciador de injusticias sociales, testimonial, ya que da testimonio en su obra de lo que observa y es un hombre que está comprometido con la verdad, valiente en su exposición e intransigente con cualquier forma de falsedad. Su poesía parte siempre de un gran realismo, y sobre todo es una persona que comparte su sufrimiento, que padece con toda la humanidad, de ahí que se dirija continuamente a todo sector humano.

José María Castellet se inclina a relacionar a los poetas de la generación del 50 con la poesía social, admitiendo que este grupo debe mucho a varios de la generación anterior, entre los que incluye a Otero. No obstante conviene señalar cómo Castellet explica la ambigüedad del término "social" en cuanto se refiere a un estilo poético, apuntando que: "Si con ello quiere decirse que tienden a escribir una poesía de exaltación revolucionaria, dicha afirmación no es siempre cierta. Y lo mismo sucede si con ello se quiere significar que, en el momento presente existe la posibilidad de una amplia y eficaz función social de la poesía", pero admite el crítico que "en un sentido sí es válida la utilización del adjetivo social, referido a los poetas de la nueva generación ya que tienden a expresar en sus poemas las experiencias sociales propias o tipificadas que hasta hace poco eran materia propia de la novela o el teatro". [4]

Efectivamente, a pesar de los numerosos antecedentes generalizadores que se vienen dando a la poesía social, llegando hasta situarla en los tiempos medievales, y más precisamente en la literatura del siglo XVIII porque "las obras literarias van a llegar a otras manos, fuera del monopolio aristocrático de la cultura", [5] y porque entonces la poesía refleja "una postura crítica frente a la sociedad", [6] en España la poesía social per se, no aparece hasta la postguerra española. Su temática está directamente ligada con el denunciamiento de las injusticias cometidas en contra del campesino y el proletario y el deseo de efectuar una reforma social a favor del pueblo. De nuevo notaremos que estos ideales coinciden plenamente con el deseo oteriano de poetizar y comprometerse con el hombre histórico y sus problemas, pero, y subrayamos, sin por eso menospreciar la belleza lírica de la poesía:

> En cuanto al poema concebido como palanca de transformación de la sociedad, estimo que la poesía tiene una dependencia en su origen y, por tanto, ya hay una dependencia del poeta con la sociedad, porque independientemente del régimen político en que se desenvuelva, y tenga o no conciencia de ello, está determinado por la sociedad; y luego a su vez, el poema repercute sobre la sociedad tanto si el poeta se ha propuesto hacerlo consciente o inconscientemente. Ahora bien: en cuanto a mi opinión personal, una de las misiones del poema es su eficacia con respecto a la sociedad, sin olvidar —y esto vamos a aclararlo bien— que la sociedad está compuesta de hombres y la poesía debe actuar sobre estos hombres. Respecto a la evasión, estimo que no, porque sería una debilidad para eludir los problemas y podría constituir una tradición. Sí me interesa decir... que debe hacerlo

---

[4] José María Castellet, *Un cuarto de siglo de poesía española* (Editorial Seix Barral, Barcelona, 1969), pág. 110.
[5] Leopoldo de Luis, pág. 18.
[6] Ibíd.

a través del poema, y el poema es un ente estético, con todas las de la ley. En una palabra —la calidad estética es insoslayable. [7]

Como epílogo a esta aclaración sobre la poesía social, mencionaremos la discusión que ha surgido ante el apelativo "social" en cuanto define un estilo poético o una época. El consenso general es que sí, que necesariamente debemos aceptar como "fait accompli" el hecho de que existe una poesía reconocida bajo ambos aspectos, estilo y época:

> La legitimidad de esta corriente de nuestra lírica de posguerra (que no es un invento, sino la reactualización del sentimiento, siempre vivo en la cultura, de las injusticias que erosionan o irritan la convivencia social) está convalidada en una frase del escritor argentino Abelardo Castillo: 'El hombre crea cosas porque las necesita'. [8]

Félix Grande continúa su explicación diciendo que, incluso el hecho de que hubo quien negara la existencia de dicha poesía como tal, o quienes escribieran "algunos de los peores poemas del mundo... ni aun el impresionante número de libros mediocres que dentro de esta corriente se han escrito dejó de cumplir un servicio, aunque sólo fuese por colaborar —aun con poca voz y desafinada— en la convalidación de la corriente como tal". [9]

En consecuencia, con el propósito de aclarar todavía más explícitamente si Blas de Otero es poeta social o no, transcribimos las propias palabras del autor donde distingue entre la poesía social como un estilo pasajero, al que no pertenece o como una preocupación de su tiempo, a la cual se adhiere: "La han abandonado, sí, los que la usaron como una moda y no como una exigencia de su tiempo y de su espíritu". [10]

Así tenemos que es cierto que Otero se interesa por la poesía social y que ha contribuido indirectamente con su obra a promulgar su aceptación literaria, pero también consideremos las propias palabras

---

[7] Antonio Núñez, pág. 1.
[8] Félix Grande, *Apuntes sobre poesía española* (Cuadernos Taurus, Madrid, 1970), pág. 54. Incluyendo la nota de Castillo, y cito: "En el editorial del número 1 de 'El grillo de papel'. Buenos Aires, 1959".
[9] Ibíd., pág. 55.
[10] Antonio Núñez, pág. 3.

del autor en donde define perfectamente su participación en este estilo poético: "Creo en la poesía social, a condición de que el poeta (el hombre) sienta estos temas con la misma sinceridad y la misma fuerza que los tradicionales". [11]

Para Otero la poesía no es una forma de recreo solamente, un arte por encima de la vulgaridad de un mundo material, es mucho más. Consiste en una íntima unión entre el poeta y su obra, una llamada al hombre, una reacción a la palabra escrita u oral, pues el poeta considera sus poemas o bien como un desahogo moral, o mensajes de comunicación con el pueblo, así anuncia que "resultan mejor dichos en voz alta y ante un público no literario". [12] En otra ocasión dice: "Bien sabemos lo difícil que es hacerse oir de la mayoría. También aquí son muchos los llamados y pocos los escogidos. Pero comenzad por llamarlos, que seguramente la causa de tal desatención está más en la voz que en el oído". [13]

Es interesante notar cómo ya en los primeros poemas reunidos en CE, a pesar de su estilo espiritual y de su ritmo lánguido y suave, el autor abogaba a favor de una poesía labrada, donde el hombre buscara su origen junto a su obra:

> Cavad en su venero,
> roed en su corteza todo instante;
> como ese buen minero,
> humano, fino, amante,
> que sabe dar, al fin, con el diamante. (CE 24)

Nos informa que sus versos serán "mariposas / junto a rumor de arados / abriendo surcos nuevos, —no escuchados" (CE 35).

En un principio lanzaba sus versos como "pluma de luz al aire en desvarío", buscando una respuesta que no halló, y eran "lenguas de Dios", o "preguntas de fuego / que nadie supo responder", pronto se percata de lo inútil de su búsqueda y se entrega a una poesía más humana, más pegada al hombre que, esencialmente, siempre coloca en el fondo temático de toda su obra:

---

[11] Francisco Ribes, *Antología consultada de la joven poesía española*, Santander, 1952, pág. 180.
[12] Correspondencia con la autora de este estudio.
[13] Francisco Ribes, pág. 179.

El contenido ha sido siempre el hombre, que en la primera etapa, determinada, por ejemplo, por 'Ángel fieramente humano', era de un tono estrictamente personal y subjetivo, pero en temas llamados eternos y constantes del hombre, como son la muerte, el amor; sin olvidar, ya en esta primera etapa, con 'Redoble de conciencia' y 'Ángel fieramente humano', la etapa histórica. [14]

Entonces, cuando surge su gran compromiso humano, también se precipita con sus versos a cantar a la humanidad entera. Se olvida de Dios y se dirige a los hombres, a ver si éstos le escuchan. Sus poemas son entonces, poesía de fuego que enciende y quema, y no sólo se disfruta. Como agua que hierve y hiere. Refiriéndose a sus sonetos dirá: "Muerden la mano / de quien la pasa por su hirviente lomo" (RC 100).

Las siguientes estrofas resultan maravillosamente explicativas del deseo oteriano de entregarse totalmente a la humanidad. El título del poema es ya de por sí muy aclaratorio: "Y el verso se hizo hombre".

> Ando buscando un verso que supiese
> parar a un hombre en medio de la calle,
> un verso en pie —ahí está el detalle—
> que hasta diese la mano y escupiese.
>
> Poetas: perseguid al verso ese,
> asidlo bien, blandidlo, y que restalle
> a ras del hombre —arado, y hoz y dalle—,
> caiga quien caiga, ¡ahé!, pese a quien pese
>
> Ando buscando un verso que se siente
> en medio de los hombres. Y tan chulo,
> que mire a Tachia descaradamente. (ANCIA 123)

Tras tanto buscar, lo encontró:

> Átomo en torno a no sé qué, integrándose
> en soles vivos, es decir en masas,
> secreta fluye, en soledad la frase
> y se dirige al hombre y se le embraza. (ANCIA 127)

---

[14] Antonio Núñez, pág. 3.

También de marcada franqueza expresiva son los siguientes versos: "...escribo a gritos, digo cosas fuertes / y se entera hasta Dios. Así se habla... Venid a ver mi verso por la calle" (ANCIA 124).

Dentro del subjetivismo literario del poeta, cabe el que relacione su obra con su prójimo, escribe "partiendo de lo 'real' y dirigiéndome casi siempre a los demás".[15]

Considera sus escritos más bien como fuente del hombre que de la literatura, de ahí su despego hacia ésta: "son los labios que alabo / en la mentira de la literatura,... la palabra que habla, / canta y calla" (ENEUL 19).

Por eso "la palabra" y sus derivativos son términos que favorece el poeta, como mejor vehículo expresivo, superior o concomitante a lo escrito, y es un vocablo que se repite constantemente en su obra: "Yo soy un pobre obrero de la palabra" (QTE 156).

> Si abrí los labios para ver el rostro
> puro y terrible de mi patria,
> si abrí los labios hasta desgarrármelos,
> me queda la palabra. (PPP 14)

Es la suya poesía cincelada, escrita a fuerza de vapuleos lingüísticos: "Que mi palabra golpee / con el martillo de la realidad" (ENEUL 162). "Construiremos la casa / piedra a piedra, palabra a palabra" (QTE 178). Poesía sincera y valiente: "Puedo hacer lo que quiero con la pluma / y el papel. Pero prefiero / hacer un verso vivo y verdadero" (QTE 81). "Libros / reunidos, palabra / de honor" (QTE 27). "Ni una palabra / brotará en mis labios / que no sea / verdad" (PPP 58). "Escribo con el cuello llameante / y cuelgo de los labios las parábolas, / para que vean que me explico en sangre / y silabeo de verdad, en plata" (ANCIA 127).

Raro es el poema oteriano de gran longitud. Admira el poeta lo escueto, lo reducido, porque sólo requiere unas cuantas líneas para transmitir un gran número de verdades. Refiriéndose a su poesía escribe, "el mar, Cantábrico—, / corto en palabras. Ley de los poemas / míos" (PPP 26). Y cuando dedica unos versos a su amigo poeta, Gabriel Celaya, dirá también: "Tu *Antología Pequeña*, es un gran libro. (Dios nos libre / de libros grandes y de chicas feas.)" (ENEUL 148).

---

[15] Correspondencia.

Entre las muchas razones que tenemos para admirar a Blas de Otero, entra la franqueza con que nos informa sobre la facilidad que tiene para escribir: "Escribo con suma facilidad y sumo control". [16]

Aunque suponga prolongar un tanto esta introducción, y aun teniendo en cuenta que en nuestro propósito crítico no entra nada más que de pasada el estudio de elementos comparativos entre Otero y otros autores, sí creemos que convenga señalar ciertas relaciones que pueda haber entre su obra y la ajena.

Hemos descubierto en la poesía de Otero, no tanto influencias como reminiscencias literarias. Su obvio entusiasmo por algunos autores, entre los que se encuentran Antonio Machado, León Felipe, Quevedo, César Vallejo, Fray Luis de León, Walt Whitman y Nazim Hikmet, le ha llevado, en ocasiones, a relacionar su poesía con ciertos aspectos de la de estos escritores. Pero lo que hacen estas figuras de la poesía universal es producir en él un toque espiritual, un incentivo con una palabra, con el título de un poema, con un pensamiento que evoca en nuestro hombre todo un mundo de representaciones. Pero representaciones nuevas, originales, apropiadas a su modo peculiar de concebir el mundo y de situarse ante la vida. En nuestro juicio, de señalar alguna influencia, sería la de San Juan de la Cruz, y únicamente en los poemas reunidos en CE.

Sin embargo nos parece de gran interés dejar establecido que entre la correspondencia cruzada no sólo con el poeta, sino con personas muy allegadas a él, tenemos una carta de José María de Quinto, uno de sus mejores amigos, en la que, refiriéndose a la voluntad de Blas de Otero de discutir sus poemas de CE y otros publicados anteriormente, nos escribe Quinto, y citamos textualmente: "...*no desea sean considerados en ningún caso a la hora de* estudiar su obra".

El crítico Alarcos Llorach comenta sobre ciertas similaridades entre Otero y otro "coterráneo suyo... Miguel de Unamuno" diciendo que "éste ha sido uno de sus primeros maestros". Parte de esta opinión está basada en la afirmación de que ambos autores usan la lengua castellana como si "ésta no fuera consustancial con ellos, sino un duro material del que como escultores arrancaran a gubiazos los elementos precisos". [17] No estamos de acuerdo con la aseveración de que

---

[16] Ibíd.
[17] Emilio Alarcos Llorach, *La poesía de Blas de Otero* (Ediciones Anaya, Salamanca, 1966), pág. 24.

Otero aprendió de don Miguel, no sólo porque él niega cualquier influencia unamuniana, sino más bien porque no pensamos se trate de semejanzas lingüísticas tanto como de que ambos escritores tienen preocupaciones análogas, como son la interrogación ante el destino del hombre en la tierra, la congoja humana ocasionada por la proyección de una muerte inevitable y el deseo de hacerse eternos, unidos a la incomprensión de la eternidad. Notemos también que estas inquietudes acosaron a Unamuno toda su vida, mientras que en Otero, como dijimos anteriormente, su obra sufre un gran cambio a partir de PPP y los problemas metafísicos pasan a ser relegados a segundo plano.

Por demás, no creemos que se pueda hablar de "enseñanza" tanto como de ciertas semejanzas que tratan de ideas comunes o del uso peculiar del idioma, y es en esto último en lo que coincidimos en parte con Llorach, sobre todo en cuanto se refiere a ambos escritores como "escultores de la lengua", pero diferenciamos cuando dice que ésta no es "consustancial con ellos". Quizás influyeron en Alarcos Llorach para sentar esta última afirmación, aquellas palabras de Ortega y Gasset al decir de Unamuno: "Fue un gran escritor. Pero conviene decir que era vasco, y que su castellano era aprendido".[18] Afirmación muy discutible, desde luego, pero que no nos incumbe tratar ahora.

En cuanto se refiere a Otero, rechazamos en absoluto esta aserción. El lenguaje poético de nuestro autor es de una extraordinaria riqueza y precisión, demostrativos de su consubstancialidad con él. Creemos que estaba mucho más ajustado a la verdad crítica el actual presidente de la Real Academia Española Dámaso Alonso, cuando declara: "Esa brusquedad se corresponde muy bien con el fondo de su poesía; y no nos engañemos: este poeta tiene un extraordinario dominio de su palabra".[19]

Hemos venido explicando cómo, para conocer a Otero como hombre, hay también que conocerle como poeta, pues ambas caras de su personalidad están íntimamente ligadas en él, y difícilmente podríamos separarlas. Nuestra intención ahora es hacer un minucioso estu-

---

[18] José Ortega y Gasset, "En la muerte de Unamuno" (*Obras Completas*, Tomo V, 2.ª ed. Revista de Occidente, Madrid, 1951), pág. 266.
[19] Dámaso Alonso, *Poetas españoles contemporáneos* (Editorial Gredos, Madrid, 1965), pág. 350.

dio crítico para evaluar su poesía [20] y demostrar en qué forma todas las facetas contenidas en la obra oteriana, ya sea bajo el título de temas, imágenes, o incluso su estilo, se encuentran estrechamente relacionados entre sí, dentro de un marcado enfoque temático, donde la humanidad en conjunto resulta ser el centro de todas las preocupaciones oterianas.

---

[20] Incluimos, no obstante, en nuestro estudio algunos pasajes de ciertas *Historias fingidas y verdaderas,* que están escritos en prosa, por considerar su aportación necesaria a algunos aspectos de nuestra crítica.

Capítulo I

TEMAS

Comenzaremos por aseverar que la mayoría de los temas en la poesía oteriana atañen al hombre, como si éste fuera el eje principal del universo, alrededor de quien giran una inmensidad de elementos prismáticos que se confunden, entrelazan o complementan, ya sea en su aspecto físico, imaginativo, conceptual o espiritual; y dentro del ámbito temático, los temas predominantes son: la soledad angustiosa del hombre; el deseo y voluntad del poeta de completo compromiso humano; las distintas facetas de su patria, España, y el anhelo de una paz universal y su consecuente disgusto hacia la guerra. Todos los demás entran en la categoría de subtemas, como son: Dios y sus atributos, el amor y la sensualidad, la muerte, el marxismo y la libertad.

La soledad

Cuando el poeta nos presenta su visión de la soledad humana, no consiste ésta únicamente en un estado solitario del hombre retraído, enajenado por circunstancias inherentes a su personalidad en particular, o por el hecho de haber incurrido inocentemente en ciertos accidentes sucedidos en contra de su voluntad. Lo que nos ofrece Otero es un diverso panorama imaginativo, donde entran distintas formas de enfocar el estado de aislamiento que experimenta el ser humano.

Como principio, se trata aquí de una sensación desesperada que sufre el hombre al creerse abandonado por Dios y la lucha que sostiene consigo mismo para librarse de sus apetitos físicos y así unirse a la Divinidad en un lazo de completa espiritualidad. La mayoría de los poemas en donde aparecen estos síntomas de anhelo de unión mística, están recogidos en el cuaderno de poesía, *Cántico espiritual,* título ya de por sí muy explícito. Quiere el poeta pasar por la "Noche oscura del alma" de San Juan de la Cruz, purgándose de todo lo que no sea la perfección del amor divino, al mismo tiempo que dirige su plegaria gemebunda a un ser sordo y silencioso para él:

> Estoy llamando a Tí desde seis años
> de soledad, para que Tú me cundas.
> Estoy llamando a Tí con este cántico
> para que tú me respondas y me lleves.
> Ahora dejo que el día se me pierda
> para encontrar tu Noche decisiva. (CE 14)

Pero luego siente el poeta que su búsqueda de Dios y el deseo de completa unión divina, trae consigo otra soledad incluso más aherrojada y aterrorizadora que la anterior, y es la de la eternidad. En su doble deseo de integrarse a Dios y vivir en Él, se da cuenta de que ello supone incorporarse a una perpetuidad incomprensible para su mente humana, grávida de conflictos, y entonces surge una visión de un mundo muy lejos de su alcance, proyectado, pero no definido:

> ...y entonces aprendemos
> 'la soledad sonora',
> 'la noche sosegada' y robadora.
>
> ...quedamos, en vilo,
> pendientes de llamadas
> imposibles, remotas, ajenadas... (CE 28)

También la soledad de la muerte le horroriza. Lucha entre el deseo de una experiencia de resurrección física ocurrida una vez muerto, y lo que supone simplemente el dejar de existir, siendo este último un velado anhelo suyo que le permita llegar a experimentar cierta tranquilidad consigo mismo en la tierra, pues si no tuviera dudas de la posibilidad de otra existencia más allá de la muerte, no habría el conflicto constante entre el deseo de eternizarse felizmente y con ello vivir ahora en la tierra una vida con vistas a este futuro, o experimentar el mundo físico y de los sentidos únicamente, sin las grandes complicaciones del intelecto que supone para el hombre un estado desconocido, entrevisto, pero no comprendido. Así pide a un amigo muerto que le revele los misterios que encierra su nueva experiencia, y que vuelva al mundo de los vivos para explicarle lo que significa el morir:

> Ella, la que acompaña
> tu soledad gustosa, ¿cómo dice?
> ¿Es cierto que no engaña...
>
> ¿Verdad que estás dichoso
> y no te importa nada haberte muerto,
> pues gozas de un reposo
> de nave, en ese puerto
> en que has anclado ya tu rumbo cierto? (CE 34)[1]

Años más tarde, a partir de cuando publica Otero su primer libro *Ángel fieramente humano* (1950), notamos que el tema de la soledad continúa siendo predominante, pero aquí se trata de un enfoque distinto, pues ahora no es tanto la soledad personal que pueda sentir el hombre separado de una Divinidad con la cual quiere identificarse, sino el percatarse de que únicamente el hombre está solo en el universo, porque él es el único ser capaz de este sentimiento:

> Entonces, y además cuando da miedo
> ser hombre, y estar solo es estar solo,
> nada más que estar solo, sorprenderse
> de ser hombre, ajenarse: ahogarse sólo. (AFH 36)

Ni la naturaleza, ni los astros, ni los animales se sienten solos,[2] pero el hombre sí, pues aún el hombre acompañado de otros seres vivientes se considera incompleto, necesita algo más allá de su experiencia humana y busca en la muerte la solución, pero ésta le defrauda pues incluso entonces padece más intensamente su soledad:

> Sólo el hombre está solo. Es que se sabe
> vivo y mortal. Es que se siente huir
> —ese río del tiempo hacia la muerte.— (AFH 12)

La muerte no es una nueva vida, como dice la creencia cristiana, sino un grado más intenso de soledad. No quiere el poeta desvanecerse en un espíritu, quiere ser hombre entero, como diría Unamu-

---

[1] "Ella" en el primer verso significa la muerte.
[2] Convendría aclarar que el poeta no quiere llevar a cabo una tesis argumentativa de si los animales experimentan la necesidad de convivencia con otros o no, sino simplemente se interesa primordialmente por una experiencia que él atribuye en forma completa a la humanidad exclusivamente.

no, "hombre de carne y hueso". Otero desearía eternizarse "seguir siguiendo", pero sin prescindir de sus facultades humanas, no con un cambio de personalidad, ni como un fantasma diáfano:

> Es que quiero quedar. Seguir siguiendo,
> subir, a contra muerte, hasta lo eterno.
> Le da miedo mirar. Cierra los ojos
> para dormir el sueño de los vivos.
>
> Pero la muerte, desde dentro, ve.
> Pero la muerte, desde dentro, vela.
> Pero la muerte, desde dentro, mata. (AFH 12)

Deseando una cura para su soledad y el conflicto que supone su deseo de eternidad, el hombre busca en la mujer y en el acto sexual, creador de nuevas vidas, una eternidad para ambos. El éxtasis amoroso significa una radiante felicidad, pero momentánea. El poeta se considera divino, comparte con Dios la creación de un ser humano, la semilla del hombre divinizado en su poder intrínseco, pero incluso esta sensación es pasajera, pues inmediatamente después, se enfrenta otra vez con el vacío horrible que no puede ni sabe cómo llenar:

> Cuerpo de la mujer, río de oro
> donde, hundidos los brazos, recibimos
> un relámpago azul, unos racimos
> de luz rasgada en un frondor de oro...
>
> Cuerpo de la mujer, fuente de llanto
> donde, después de tanta luz, de tanto
> acto sutil, de Tántalo es la pena... (AFH 21 y 22)

Quizás donde mejor podemos observar el impacto de la fuerza destructora que supone para el poeta sentirse solo en un mundo enigmático, un mundo acerbo, en el cual vive abrumado y sin rumbo fijo, lo encontramos en el poema titulado "Vértigo" (AFH 39). Vemos cómo el poeta ni siquiera puede compartir su vida y miseria humanas consigo mismo, con sus otros "yos", sino que hasta su sombra es un ser extraño, fuera de sí mismo, como proyectado en un ámbito muy lejos de su personalidad:

> Desolación y vértigo se juntan.
> Parece que nos vamos a caer,
> que nos ahogan por dentro. Nos sentimos

> solos, y nuestra sombra en la pared
> no es nuestra, es una sombra que no sabe,
> que no puede acordarse de quién es. (AFH 39)

La desolación es causada por ese horrible vacío que el hombre sufre cuando se encuentra solo, infinitesimal en un universo hostil, insondable. Por otra parte tenemos al hombre agónico que se percibe ignorado y abandonado en medio de un mundo indiferente girando en torno suyo: "Solo está el hombre. El mundo, inmenso, gira. / Sobre su gozne virginal, suspira / lo que, vivo y mortal, el hombre llora" (AFH 44).

Otero se enfrenta con la injusticia que supone el nacer, y se pregunta quién ordenó que naciéramos. En el momento mismo de exhalar el primer vajido, ya incluso en el vientre de la madre, caminamos hacia la muerte; la concepción es el comienzo del morir y el vivir representa una trayectoria de la muerte. Esto también implica una espantosa soledad. El mundo circula alrededor nuestro, pero el ser humano está absolutamente solo desde el mismo instante en que es concebido, o si no, por lo menos desde que respira el primer aliento fuera del cuerpo de la mujer:

> Sé que el mundo, la Tierra que yo piso,
> tiene vida, la misma que me hace.
> Pero sé que se muere si se nace,
> y si se nace, ¿por qué?, ¿por quién que quiso? (AFH 43)

La soledad, invariablemente, crea una dependencia del hombre hacia otro ser, así queremos asegurarnos que hay una Divinidad que pueda llenar este vacío que sentimos. Contra esta dependencia se rebela el autor. Ahora quiere ser hombre y hombre nada más, no mitad divino, no muñeco de Dios. Reta a la humanidad para que se una a él y juntos se crean su propia existencia, libres de una influencia a la cual están subordinados por el deseo de eternidad:

> Solo está el hombre. ¿Es esto lo que os hace
> gemir? Oh si supieseis que es bastante.
> Si supieseis bastaros, ensamblaros.
> Si supiereis ser hombres, solo humanos.
>
> ¿Os da miedo, verdad? Sé que es más cómodo
> esperar que Otro —¿quién?— cualquiera, Otro,
> os ayude a ser. Soy. Luego es bastante
> ser, si procuro ser quien soy. ¡Quién sabe

si hay más! En cambio, hay menos: sois sentinas
de hipocresía. ¡Oh, sed, salid al día!
No sigáis siendo bestias disfrazadas
de ansia de Dios. Con ser hombres os basta. (AN 128)

A pesar de todas sus protestas y rebeldía contra Dios, el poeta no puede, ni quiere, librarse de la mano divina, y así después de constantes luchas e increpaciones termina diciendo:

Manos de Dios hundidas en mi muerte.
Carne son donde el alma se hace llanto.
Verte un momento, oh Dios, después no verte.

Llambria y cantil de soledad. Quebranto
del ansia, ciega luz. Quiero tenerte,
y no sé dónde estás. Por eso canto. (AFH 74) [3]

Gime, desesperado ruega. Su voz se torna triste pero dulce, muy distinta del grito dolorido, pero enérgico, gritando justicia de un Dios a menudo sordo:

Mira, Señor, si puedes comprendernos,
esa angustia de ser y de sabernos
a un tiempo sombra, soledad y fuego. (AFH 80)

Pide a Dios que no nos tenga en vilo, que nos muestre qué somos, si sus criaturas con derecho a la eternidad, o simplemente unos seres nacidos biológicamente, sin más propósito que el de pasar como una sombra en los billones de años de la creación:

Mira, Señor, qué solos. Qué mortales.
Mira que, dentro, desde ahora, luego,
somos, no somos —soledad— iguales. (ibíd.)

Otero describe perfectamente la horrible sensación de soledad que envuelve al hombre cuando se siente vivo, pero con un cadáver dentro, es decir, como si tuviéramos una máquina engrasada en sangre en el interior de este caparazón exterior de brazos, piernas, cabeza y torso,

---

[3] Estos versos recuerdan algunos de Unamuno, sobre todo los contenidos en sus salmos: "¡Quiero verte, Señor, y morir luego / morir del todo / pero verte, Señor, verte la cara / saber qué eres" (*Obras Completas*, Tomo XIII, Afrodisio Aguado, Madrid, 1958, pág. 283).

pero que en cualquier momento de nuestra vida puede dejar de funcionar y sin nosotros saber cómo. Por eso llevamos siempre, figurativamente hablando, nuestro cadáver a cuestas:

> Voz de lo negro en ámbito cerrado
> ahoga al hombre por dentro contra un muro
> de soledad, y el sordo són oscuro
> se oye del corazón parado.
>
> Doble silencio a muerto vivo, airado,
> furioso de ser muerto prematuro,
> en pie en lo negro apuntalado...
>
> Y el muerto sigue en él, como si nada
> más que nacer hubiese sucedido. (RC 103 y 104)

Cuando Otero escribe sus poemas contenidos en PPP y RC, notamos que se ha venido efectuando un gran cambio en la manera que tiene el poeta de interpretar la soledad humana. No se trata ahora tanto de ese ensimismamiento y, a veces, voluntario retraimiento dentro de la propia personalidad del autor, o del hombre en abstracto. Aquí tenemos una soledad colectiva que experimentan todos los hombres abandonados, desarraigados, o la soledad del prójimo vista conceptualmente a través de los ojos del poeta. Entonces vemos que el autor se lanza a la calle a observar a la humanidad.

Recordamos aquí las palabras de Ortega y Gasset que explican el ensimismamiento humano y que consideramos muy aplicables para explicar los cambios que se van realizando en el estado de ánimo oteriano:

> 1.º, el hombre se siente perdido, náufrago en las cosas; es la *alteración*; 2.º, el hombre, con un enérgico esfuerzo, se retira a su intimidad, para formarse ideas sobre las cosas y su posible dominación; es el *ensimismamiento*, la *vida contemplativa*, que decían los romanos, el *theoretikós bíos*, de los griegos, la *theoría*. 3.º, el hombre vuelve a sumergirse en el mundo, para actuar en él conforme a un plan preconcebido; es la *acción*, la *vita activa*, la *praxis*. [4]

---

[4] José Ortega y Gasset, *Obras Completas*, Tomo V (Revista de Occidente, Madrid, 1951), pág. 304.

Un poco más tarde y en el mismo ensayo dirá Ortega y Gasset: "El destino del hombre es, pues, primariamente acción". Efectivamente, ahora el poeta quiere dirigir su vida y su obra hacia un profundo esfuerzo de comprensión y participación en los problemas que acosan al hombre. Ha dejado de mirarse en su propio espejo de soledad para ver cómo viven los otros seres humanos. Los ve hollados de miseria y pena, y se compadece de su sufrimiento y carencia de amor. Así siente una gran consideración por la mujer de mala vida encontrando en ella, y en los que abusan de su cuerpo, el símbolo de una humanidad hipócrita, vendida, prostituida y sin rumbo fijo:

> Unas mujeres, tristes y pintadas,
> sonreían a todas las carteras,
> y ellos, analfabetos y magnánimos,
> las miraban por dentro, hacia las medias.
> Oh cuánta sed, cuánto mendigo en faldas
> de soledad... (EC 124)

Ahora no se trata de una soledad personal, exclusiva, ni del hombre en abstracto, es una soledad dentro de la hermandad humana, una soledad arraigada en la miseria, el hambre, el frío, la injusticia, en el miedo de ser hombre únicamente, sin derecho a lo divino, porque el poeta se ha deshecho de esta ilusión, en la cual se niega a creer. La soledad es como una noche sin amanecer en donde el hombre lucha a brazo partido con las sombras de la desgracia, con un futuro donde irremisiblemente sólo ve penas y sufrimientos, sangre de hombre mártir por una causa o sólo por ser hombre. Recuerda a otros seres "humanos ángeles" a quienes cantó; amigos conocidos o simplemente admirados: César Vallejo, Gabriel Celaya, Pablo Neruda, Rafael Alberti, Miguel Aragón, el poeta turco Nazim Hikmet, Nicolai Vaptzarov, Antonio Machado, Mao y otros:

> La soledad se abre hambrientamente,
> ah todo alrededor es hombre y fronda
> de hombro arraigado en la raíz más honda:
> la tierra, firme, descieladamente...
>
> Todos los nombres que llevé en las manos
> —César, Nazim, Antonio, Vladimiro...
> ...ángeles, fulgen, suenan como un tiro
> único, abierto en paz sobre el papel. (EC 179)

Su soledad es como una espada de doble filo. Por un lado causante de su gran desolación, por otro la desea pues sólo en ella puede encontrarse apartado de las mezquindades que le rodean y hallar un sentido de pureza subjetiva.

Compara la soledad con la libertad; con un árbol, éste imagen del hombre y su deseo de elevación a alturas más allá de lo telúrico, "árbol alto, de oro y de dolor". Aspira a elevaciones inconcebibles, pero también desea tener los pies firmes en la tierra, cuyo enraizamiento busca, y cree encontrarlo en los brazos de la mujer:

> Dije: Mi soledad es como un árbol
> alto, de oro y de dolor, tan puro
> que apenas puede sostenerse en aire,
> ay, si un aire le hollase allá en lo último...
>
> Tú, pensativamente: El tiempo es plata
> de amor, entre mis brazos y los tuyos.
> Abre tu soledad. Deja que el llanto
> suceda y suene como un llanto músico. (AN 108) [5]

También la soledad es como un manto que invade el continente europeo. El poeta no ve nada más que desolación apocalíptica para Europa:

> Tiempo de soledad es éste. Suena
> en Europa el tambor de proa a popa.
> Ponte la muerte por los hombros. Ven A-
> lejémonos de Europa. (AN 150)

En su poema "Conmigo va" más que en ningún otro, podemos observar cómo esta inmensa soledad llega a inundar el alma del poeta de tal forma que no puede salvarse de ella. Ha buscado en la fraternidad humana, en la vida, y recorriendo la tierra, una solución para su profunda melancolía, para aliviar la intensa angustia de saberse solo. Al no hallarla, clama a sus compañeros del pueblo, pidiendo comprensión y ayuda para su tormento:

> Oh inmensa
> soledad.

---

[5] Aquí nos referimos únicamente a los poemas que no fueron publicados ni en AFH ni en RC, pero que pertenecen a la misma época.

> Sálvame.
> Háblame, escúchame, oh inmensa
> mayoría. (AN 159)

Su compromiso está ahora unido al hombre en cuanto éste pertenece a la humanidad entera y es a ella a quien se dirige. Quiere separarse de la intimidad y ensimismamiento que ha sufrido y como se dijo, hasta cierto punto deseado, para seguir buscando fraternidad y solidaridad humanas. En sus publicaciones *Que trata de España* y en *Esto no es un libro,* el tema de la soledad continúa pero en dos formas distintas. Una, la previamente mencionada donde el hombre se une al resto de la humanidad y experimenta una "soledad de conjunto", como la podríamos llamar; la otra se traduce en el fracaso del hombre que no ha logrado un cierto fin: el del escritor que se propuso conseguir algo con su pluma y comprende que de muy poco le ha servido. Blandiéndola como espada de justicia, se encuentra vencido y sin ánimo para volver a la lucha. Otero recuerda al gran idealista Don Quijote para reprocharle que él tampoco logró nada y que sus deseos e ilusiones eran vanos y absurdos. Amargo contra Cervantes y su caballero andante, les une en su ataque de hombre hondamente dolorido ante su propio fracaso, espejado en el ejemplo de los dos caballeros del siglo XVII, el que físicamente vivió y su creación libresca:

> No escribas más. Adéntrate en el alba,
> prosigue silencioso tu camino,
> pero no escribas más. Deja que el hacha
> caiga a su tiempo sobre el tronco erguido.
>
> Oh soledad del hombre ante el fracaso.
> Oh herida pluma en pleno altivo vuelo.
> Oh corazón de pena y desamparo.
>
> Cervantes. Don Quijote de la Mancha,
> Atrás, ídolos rotos, caballeros
> caídos en el centro de la página. (ENEUL 37)

Ha llegado esta soledad tan profundamente a su espíritu herido, que tiene que atacar incluso a lo que admira. Otero, hombre idealista, ve en la realidad humana poco aliciente para llevar a cabo su propósito de justicia. Clama contra el caballero de la Mancha y su creador, a quien acusa de culpabilidad en el mito idealista que han perpetuado. Aunque muera Don Quijote en la obra cervantina, su espíritu nos sigue obsesionando, no nos deja descansar en lo puramente material y aspiramos a que se realice un mundo de justicia y bienestar. Por eso increpa a Cervantes y a Don Quijote llamándolos "ídolos rotos" como esperando romper el hechizo que ellos tienen para él. Como un niño que en un arrebato de cólera arroja contra la pared el juguete cuyo mecanismo no funciona ya, lo mismo desearía hacer nuestro poeta con Cervantes y su libro.

Ahora más tranquilo y sosegado parece querer razonar con Don Quijote para que juntos puedan volverse a "Sancho Pueblo", y dejen de levantar vuelos idealistas, solidarizándose con los demás seres humanos, única forma de llegar a cierta cura para la horrible soledad en que tiene por fuerza que encontrarse un hombre bueno y justo:

> Señor don Quijote, divino chalado,
> hermano mayor de mis ilusiones,
> sosiega el revuelo de tus sinrazones
> y, serenamente, siéntate a mi lado.
>
> Señor don Quijote, nos han derribado
> y vapuleado como a dos histriones...
>
> Junto al pozo amargo de la soledad,
> la fronda de la solidaridad.
> Sigue a Sancho Pueblo, señor don Quijote.

Los españoles son por naturaleza grandes individualistas. Pero su individualismo es muy complejo, pues por un lado son antisociales y celosos de compartir su vida íntima con el prójimo, pero por otro, desean y necesitan rodearse de gente, de ahí la popularidad que siempre han tenido las tertulias de los cafés, y el que observemos frecuentemente oleadas de masas humanas que se encuentran alrededor de los bares en las tascas españolas y en los grandes paseos por las calles de las capitales hispanas hasta las altas horas de la noche. Comprende perfectamente el poeta vasco a sus compatriotas, por eso diferencia la soledad innata del individuo de la cual no puede deshacerse, y el deseo de compartir su distanciamiento íntimo con el de todos los demás hombres iberos.

En la última parte de su obra *Expresión y reunión*, trata de otro tipo de soledad que es la que experimenta el poeta cuando, hombre proscrito en busca de su propia identidad, se aleja de España. Es una gran nostalgia por su tierra la que le circunda, a pesar de que cuando vive en el país se ahoga por la falta de libertad:

> Ahora que estamos lejos, tú de mí,
> yo, revolviendo la tierra por encontrarme,
> he preguntado al viento de Pekín...
>
> en qué cadera tuya o cantil
> se apoya mi memoria, esperándome...
>
> precisamente esta tarde
> oigo el golfo de Vizcaya aquí
> en el fondo del viento de estos mares
> de China, jadeantes de nocturno marfil. (ER 249)

O sea que no es la soledad de ser hombre, sino una sensación de aislamiento causada por estar fuera de ambiente, lejos de su patria y los suyos.

Entonces vemos que, como ocurre frecuentemente en la obra total de Otero, tanto en sus temas, como en las imágenes y símbolos, existe una uniformidad muy marcada de preocupaciones personales del autor, pero que cambian en su sentido o representación simbólicos, según aumenten y disminuyan en importancia, o se desarrollen en conceptos multilaterales.

En cuanto nos referimos al tema de la soledad, vemos que en el comienzo aparece como un grito angustioso de un hombre clamando al cielo solaz donde encontrarse y unirse a una Divinidad, cuya unión, únicamente, puede dar alivio a su sufrimiento agónico, o el sentimiento desgarrador de un hombre completamente desarraigado en un mundo incomprensible para él. Luego pasa a ser un estado de muchos, de la totalidad humana, también condenada a un mundo hostil, inexplicable, sin desear haber nacido y sentenciada a morir. Acaba siendo soledad subjetiva otra vez, es decir, dentro de un núcleo de intereses compartidos, en el que el poeta continúa sintiéndose unido a los otros hombres por un sentido de compañerismo y hermandad, pero encontrándose otra vez ensimismado en sus propios problemas y buscando una solución para ese malestar íntimo de distanciamiento, en el que no pertenece a nada ni a nadie, así vagabundea por el globo terrestre, suspirando por España, desolada patria, amante y amada del poeta:

> Triste de aquel que le tira
> su patria de tal manera.
>
> ...me voy mi patria me espera. (ER 260 y 261)

El tema de España [6]

En la entrevista que tuvo Antonio Núñez con Blas de Otero en mayo de 1968, y a la que hemos tenido ocasión de referirnos varias veces en nuestra introducción a este estudio, preguntó Núñez al poeta cuáles eran los temas que más le preocupaban. Otero respondió: "diría que es, ante todo, lo que se suele llamar 'tema de España' ". [7]

Efectivamente, a partir del libro *Pido la paz y la palabra*, en que se hace constante, es principalmente su patria y la relación que ella pueda tener con el hombre español, lo que más le absorbe. Aquí vemos un sólo tema con dos facetas, puesto que, al fin y al cabo, el ser humano puede también identificarse y formar parte directamente con su país. Si no hay hombres no hay patria, sólo tierra sin nombre. En la misma entrevista, dirá el poeta refiriéndose a su obra: "El contenido ha sido siempre el hombre, que en la primera etapa, determinada por ejemplo por 'Ángel fieramente humano' era de un tono estrictamente personal y subjetivo". Ahora en cambio escribe generalmente sobre la humanidad y sus problemas, con particular énfasis en el hombre español. Ya no existe esa gran introspección tan común en su primera obra, sino que se dirige a la "inmensa mayoría", expresión que ha hecho famosa: [8] "Avec 'Je demande la paix et la parole j'aborde ce

---

[6] José Luis Cano ha hecho un interesante estudio sobre este asunto que prologa su libro: *El tema de España en la poesía española contemporánea* (Revista de Occidente, Madrid, 1964), en donde demuestra el autor cómo esta inquietud por la patria es constante en la literatura española de siempre, pero dando mayor énfasis a la escrita desde Larra hasta nuestros días. Es generalmente conocida la preocupación por España que atormentó a la generación del 98. El crítico Pedro Laín Entralgo ha escrito un capítulo entero sobre este tema en su libro: *La Generación del 98* (Espasa Calpe, Madrid, 1967), págs. 88-93. También conviene mencionar otros autores que en sus obras sobre los noventaiochistas, se han detenido a comentar sobre esta misma inquietud por la patria. Entre otros tenemos a Díaz Plaja, Pedro Salinas, Azorín, Luis Granjel y Dolores Franco, esta última en su libro: *España como preocupación* (Ediciones Guadarrama, Madrid, 1960).

[7] Antonio Núñez, pág. 3.

[8] En el artículo "Un hombre de nuestro tiempo, Blas de Otero", escrito por Joaquín González Muela para la *Revista Hispánica Moderna*, abril, 1965, núm. 2, pág. 139, dice el autor refiriéndose al lema, "Para la inmensa mayoría" tan común en la obra oteriana: "(Pero es lástima que insista en ese juego de palabras —inmensa mayoría—, que inventó J. R. J., nada más que para fastidiar a J. R. J. Esa es una manera superficial de ser hombre de su tiempo)". Primero queremos indicar que las palabras que puso el poeta de Moguer como dedicatoria en su libro *VI Poesía (En verso) 1917-1923* (ver: *Libros de*

que l'on pourrait appeler un thème historique. Une fois encore c'est l'homme qui m'intéresse, non plus l'homme consideré comme un individu isolé mais comme nombre d'une collectivité placée dans una situation historique déterminée". [9] Entonces veremos que España y los españoles serán de ahora en adelante lo que más preocupará al escritor, a pesar de que el tema de la soledad innata del hombre, del que hemos venido hablando, continuará siendo una angustia constante en Otero, pero enfocado de manera ligeramente distinta, pues viene a ser, como esbozamos anteriormente, la soledad que experimenta el poeta ante el deseo irrealizable de una fuerte solidaridad humana, y no tanto con la que se encuentra el ser humano sin tener raíces metafísicas. O sea, que es ahora una soledad con matices físicos e intelectuales, pero sin relación espiritual.

Es curioso notar que en la edición de la Editorial Losada de Buenos Aires de los libros *Pido la paz y la palabra* y *En castellano*, [10] ambos se encuentran dentro de un mismo tomo, el cual se titula *Con la inmensa mayoría*, mientras que en publicaciones anteriores venían por separado, *Pido la paz y la palabra*, Torrelavega, 1955, *En castellano*, Méjico, 1960 y su traducción francesa de Claude Couffon, anterior a la edición mejicana, que data de 1959. La edición argentina no explica por qué fueron reunidos en un solo volumen y si fue idea del autor titularlo así, aunque es muy probable que lo fuera, ya que la expresión es muy particular suya. Pero ello nos corrobora en lo que venimos diciendo de que Otero ahora se dirige e integra con la humanidad en general y en particular, si tenemos en cuenta el significado poético dentro de su obra, con un sector humano herido por las injusticias sociales existentes y las guerras sangrientas que recorren el mundo de un extremo a otro.

---

poesía, Aguilar, 2.ª ed., Madrid, 1959, pág. 833), no fueron "inmensa *mayoría*", sino "inmensa *minoría*" (el subrayado es mío). Además la suposición del señor González Muela "fastidiar a J. R. J." puede que sea legítima, pero habría que probarlo. Nosotros creemos más bien que Otero lo hace para poner constantemente de manifiesto su entrega y compromiso con el pueblo, aunque con ello tienda a demostrar una cierta ironía y crítica hacia la poesía que se refugia en su torre de marfil, y de paso a Juan Ramón Jiménez.

[9] Claude Couffon, "Rencontre avec Blas de Otero", *Les Lettres Nouvelles*, 25 mars, 1959, pág. 20.

[10] Editorial Losada, S. A., Buenos Aires, 1960.

Es muy indicativo para nuestra hipótesis que empiece el libro dirigiéndose a los hombres con el poema titulado "A la inmensa mayoría" y que uno de los versos que contiene diga lo siguiente:

> Aquí tenéis, en canto y alma, al hombre
> aquel que amó, vivió, murió por dentro
> y un buen día bajó a la calle: entonces
> comprendió: y rompió todos sus versos. (PPP 9)

Aquí nos interesa mucho el repetido uso del pretérito, "amó, vivió, murió, bajó, comprendió, rompió". Parece querer indicar una completa ruptura con el pasado para concentrarse enteramente en el presente y el futuro, relativos a su nuevo compromiso humano.

Así, en lo que se refiere al tema de España, no se trata sólo de una relación íntima del poeta que canta a su patria, sino que ésta significa muchas cosas para él, todas ellas pudiendo reducirse, en términos generales, al hombre español y sus problemas dentro del ámbito geográfico que le da vida y razón de ser.

Es indudable que Otero siente una atracción muy especial hacia España. Ésta significa para él más que una tierra donde nació. Se dirige a ella a ratos como a una amante, otros como un hijo a su madre, y cuando le "duele España", como a una madrastra: "Madre y madrastra mía, / españa miserable y hermosa" [11] (ENEUL 61).

En su cariño y entusiasmo por España, no se limita el poeta a ensalzar una región única del país, sino que llena sus versos de elogios, tanto sea a Barcelona, como a León, Granada, Bilbao incluso, Soria, Zamora y muchas otras ciudades.

> Toledo
> dibujada en el aire,
> corona dorada
> del Tajo... (QTE 100)
>
> Zamora era de oro,
> Ávila de plata. (QTE 103)
>
> Torno
> los ojos a mi patria
> Meseta de Castilla
> la Vieja, hermosa Málaga,

---

[11] Como la "Castilla miserable" de Machado.

> Córdoba doblando la
> cintura, mi Vizcaya
> de robles y nogales,
> pinos y añosas hayas,
> clara Cataluña,
> puro León, lenta Granada,
> Segovia de oro viejo,
> Jaén ajazminada... (QTE 179)

Pero aún en sus versos laudatorios casi siempre hay una doble intención y no sólo son canciones a la belleza descriptiva del paisaje. En este último poema termina precisamente:

> Extremadura grávida,
> patria de pueblo y pan
> partido injustamente.

Otero no es un poeta en cuya obra abunda el tono paisajista, es la suya una poesía que, por lo común, quiere expresar algo, un mensaje, una protesta, un hondo sufrimiento, rebelión, lo que sea, poesía comprometida con el hombre y su ambiente:

> Galicia, luna dormida.
> Valencia, luna despierta
>
> Luna con las manos juntas.
> Luna de brazos abiertos.
> Galicia cierra los ojos.
> Valencia los lleva abiertos. (QTE 105)
>
> El aire ríe, el aire
> igual que una muchacha;
> junto al Perchel, sonrisas
> y miseria y desgracia.
>
> En el puerto de Málaga. (QTE 107)
>
> León
> luna contra el reloj
> de la cárcel. (QTE 101)

La relación que existe entre el poeta y su patria es un complicado enjambre de emociones: admiración, ternura, impaciencia. Ocurre que en un mismo poema la ataque sin piedad y la alabe por su belleza;

que la zahiera con pullas de enorme sarcasmo y la acune con palabras cariñosas. Su mayor impaciencia con la patria parece residir en el atascamiento español y la España tradicional, todo ello dentro de un marco considerable de subjetivismo. Otero vive, respira España por los cuatro costados:

> Testigo soy de ti, tierra en los ojos,
> patria aprendida, línea de mis párpados,
> lóbrega letra que le entró con sangre
> a la caligrafía de mis labios.
>
> Y digo el gesto tuyo, doy detalles
> del rostro, los regalo
> amargamente al viento en estas hojas.
> Oh piedra hendida. Tú. Piedra de escándalo. (PPP 17)

Internado en este ámbito de compromiso con su tierra, descubrimos una dualidad de emociones opuestas. Por una parte su gran amor intrínseco, por otra, una rabia que podríamos traducir en odio. Esta sensación no es, empero, una actitud fría, pensada y nutrida, producto de una calculada relación de existencias premeditadas, sino más bien la explosión emotiva incitada por las circunstancias en que se halla España; de ahí que el brote explosivo no vaya dirigido tanto a la patria como a sus hijos, y, sobre todo, a los que la gobiernan con una total carencia de responsabilidad cívica. Resulta pues que cuando la insulta, en el fondo siempre distinguimos cierta conmiseración por su sufrimiento, como si se tratara de una mujer amada y adulterada por el hombre salvaje en su deseo, sin freno ni consideración.

España podría haber rendido vastos frutos si alguien se hubiera ocupado de ella sin egoísmo. Recuerda el autor las famosas líneas del "Poema del Cid" que tan bien cuadran en esta ocasión:

> Retrocedida España,
> agua sin vaso, cuando hay agua; vaso
> sin agua, cuando hay sed. 'Dios, qué buen
> vassallo,
> si oviesse buen...
>   Silencio. (PPP 18)

No por ello excluye Otero a España de toda culpabilidad, pues si el hombre representa a su patria, ésta ha forjado al ciudadano. La hace cómplice, junto con el resto de Europa, de los males que por su mediación han acaecido a otras tierras, a quienes impusieron una obligada supremacía. En uno de sus poemas de mayor fuerza "Hija de Yago", chocante por la diatriba contra su patria, parece querer dibujarnos en la imaginación el mapa europeo cuyo talón es la península ibérica, apuntalando lo antedicho con la actuación personal española en tierras americanas:

>Aquí proa de Europa preñadamente en punta;
>aquí, talón sangrante del bárbaro Occidente;
>áspid en piedra viva, que el mar dispersa y junta;
>pánica Iberia, silo del sol, haza crujiente.
>
>Tremor de muerte, eterno tremor encarnecido,
>ávidamente orzaba la proa hacia otra vida,
>en tanto que el talón, en tierra entrometido,
>pisaba, horrible, el rostro de América adormida.
>
>¡Santiago, y cierra, España! Derrostran con las uñas
>y con los dientes rezan a un Dios de infierno en ristre,
>encielan a sus muertos, entierran las pezuñas
>en la más ardua historia que la Historia registre.
>
>(PPP 19 y 20)

Tiene el poeta clavada a España en su conciencia. El sufrimiento de la patria es el suyo. Quisiera deshacerse de esta agobiante responsabilidad, pero no puede, está impregnado del suelo y del espíritu españoles:

>España, espina de mi alma. Uña
>y carne de mi alma. Arráncame
>tu cáliz de las manos.
>Y amárralas a tu cintura, madre. (PPP 44)

Otero se queja sin descanso de la falta de libertad que siempre ha acosado a España y su gente. Sentimos ahogarnos en un atascamiento de cultura, de falta de derechos civiles. No es sólo el literato, sino el campesino, el soldado raso, el tecnócrata, el proletario, todo hombre y mujer españoles sufren la falta de libertad. De espíritu libre por naturaleza, han sido sometidos a cientos de años de esclavitud dogmática: por una tradición indómita, una religión inquisitorial y un ejército implacable en su orgullo, y sin misericordia. El talón de España como geografía, es también, simbólicamente, el talón de estas fuerzas pisoteando a su vez el suelo hispánico:

> Libro, perdóname. Te hice pedazos,
> chocaste con mi patria, manejada
> por conductores torvos: cruz y espada
> frenándola, ¡gran dios, y qué frenazos! (QTE 12) [12]

Querría el poeta "romper el silencio" que pesa sobre España. Desea un campo libre de cultura, expresarse como quiera, pero siente como si una mano, casi una garra, le oprimiera el cuello hasta asfixiarle, de la misma forma que se ahoga su patria con el yugo de las cadenas censoriales:

> Porque hay tardes, desmontes
> en la mano, vaguadas bajo el sol,
> papeles que preguntan
> por la pluma, momentos
> cantantes con tañido de cadena,
> y uno quiere decir, romper
> el silencio espesado sobre España. (EC 123)

> Escribir en España es hablar por no callar
> lo que ocurre en la calle, es decir a medias palabras
> catedrales enteras de sencillas verdades
> olvidadas o calladas y sufridas a fondo,
> escribir es sonreír con un puñal hincado en el cuello,
> palabras que se abren como verjas enmohecidas
> de cementerio... (QTE 45)

El poeta podría ir en busca de su libertad fuera de España, pero no quiere la salvación sin su patria. La unión que existe entre el hombre y la tierra donde nació, es aún una mayor esclavitud, pero voluntaria. Son las cadenas que se impone el hombre por amor, la responsabilidad que ello implica:

> Quiero
> salvarme. Patria entre alambradas,
> no podrán con nosotros.
>
> Libro rayado por el Miño,
> inscrito está mi quiero en tinta verde
> salvarme, y con la mano

---

[12] Aquí se refiere a una primera edición del libro *Que trata de España* que sufrió mucho en manos de la censura.

izquierda, libre y maniatada
España. (CE 148 y 149) [13]

...España
llambria de luz, ¿qué sombras te encadenan?
(ENEUL 153)

Es verdad que Otero ama a España, pero aún en su amor obsesionado, distingue perfectamente los defectos de su patria. No es el suyo un patriotismo ciego, conoce perfectamente las grandes injusticias que se fomentan en suelo español. Quisiera redimir a España. Mover el alma española para que surgiera de su letargo:

Pueblo mío,
los que te dicen bienaventurado,
ésos son los que te engañan.
Oh tierra
hermosa, merecedora de
ancho camino. (EC 121) [14]

De mucha importancia para la interpretación detallada del tema de España en la obra oteriana, es el simbolismo relacionado con la desidia y atascamiento españoles, que mencionamos anteriormente de pasada. Ya en época muy temprana observamos cómo esta temática tiene un papel muy importante por toda la poesía de Otero.

En sus poemas dedicados a la catedral burgalesa (PB 221-224), especialmente el que los encabeza titulado "Burgos", aunque aparentemente es un elogio a la belleza del edificio, e indudablemente lo

---

[13] Interesa mucho en estos versos el simbolismo representado por "tinta verde", la esperanza, y "salvarme... con la mano izquierda", pensamiento liberal de izquierdas del autor, que tendremos ocasión de comentar más tarde en nuestro estudio.

[14] La relación del poeta con su patria, nos hace recordar una conferencia de Ortega y Gasset: "La pedagogía social como programa político" (Obras Completas, 2.ª ed., Revista de Occidente, Madrid, 1950), págs. 503-521, en donde el filósofo partiendo de la idea de que "España es un dolor enorme, profundo, difuso: España no existe como nación", incita a los españoles a que forjen una nueva patria "magnífica en virtudes". Más tarde, en la misma conferencia, indica la falsedad de un patriotismo en donde sólo vemos "la patria como la condensación del pasado y como conjunto de las cosas gratas que el presente de la tierra en que nacemos nos ofrece" sin pensar en los enormes defectos que pululan el ambiente español y sin hacer ningún esfuerzo por remediarlos. A este patriotismo lo llama Ortega "inactivo, espectacular, extático".

es, también observamos un gran número de palabras y frases simbólicas, como son: "las torres con los ojos, lentas, grises, / como un cauce parado de la historia", "puente de mi alma / donde se para el curso de las cosas", "siempre las once en este cielo duro", "estas torres grises, estas torres, tan anchas y tan paradas", "doncellas dormidas", "escaleras permanentes", "hombres que duermen". Los ejemplos son numerosos, no sólo en este poema, sino también en otros que lo siguen.

Quizás sea en este aspecto donde más notamos la impaciencia del poeta con su patria. Ve a España como un país atrasado, glorioso en su pasado, pero sin presente ni futuro. Es un campo muerto; no hay posibilidad creativa en un país atascado, en una tierra que no cunde, que no provee razón de vida para sus hijos:

>   Ruido
>   de ayer. Y nunca mañanamos.
>
>   Oh patria
>   sin presente.
>   Oh pensativo y grávido
>   pasado. (EC 120)

La patria yace inerte, con vestigios de lo que fue, pero ese es el problema justamente de su amodorramiento. Como una valiosa antigüedad, se complace en las apariencias y valor que ello supone, sin deseo de cambio. Otero no quiere una España muerta, un cadáver embalsamado que venerar, pide una patria joven, fuerte, nueva hija, o hijastra si se quiere, de la anterior España. Busca en el fondo de lo que queda la semilla de la esperanza de la cual surgirá un nuevo pueblo:

>   Esta
>   es mi patria.
>   Horadar
>   dormida piedra, hasta encontrar españa.

La España de hoy representa para el autor una farsa de lo que fue y quiere ser, "la caricaturesca españa actual", la llama. No es un país consagrado a la época en que le toca vivir, sino siempre vuelto atrás, a los siglos hidalgueños de las conquistas, es una momia del ayer.

Junto a la decadente España, la tierra encarcelada por la tradición, asoma el verso triste dedicado a la trágica patria:

> España, patria despeinada en llanto.
> Ríos con llanto. Lágrimas caudales.
> Éste es el sitio donde sufro. Y canto.
> (PPP 31)

> ...frente a la frente trágica de España.
> (QTE 109)

Aunque notamos cierta esperanza por parte del autor en la España del futuro, con más frecuencia nos fijamos en la poca confianza que le inspira la posibilidad de que se alce de su estado abatido, mientras no se fomente un esfuerzo de justicia social y libertad hacia el hombre español, así a menudo se encara el poeta con España amonestándola con dureza como representante de los males que acosan al país:

> Otro año más. España en sombra. Espesa
> sombra en los hombros. Luz de hipocresía
> en la frente. Luz yerta. Sombra fría.
> Tierra agrietada. Mar. Cielo que pesa.
> (ENEUL 51)

En estos versos vemos, no ya una dulce queja, sino una feroz diatriba de un hombre harto de esperar un cambio necesario para sus fines de justicia y verdadera democracia, cambio que no ve nunca efectuarse. Sólo observa cierto núcleo de españoles satisfechos en su religión de cantos y procesiones, mientras que el pueblo está muerto de hambre y prisionero en su desesperación:

> Si esta es mi patria, mi vergüenza es esa
> desde el Cantábrico hasta Andalucía.
> Olas de rabia. Tierra de maría
> santísima, miradla: hambrienta y presa.
> (ibíd.)

Llora por la esterilidad del suelo de Castilla, piedras y abrojos, contempla un paisaje sin fruto para el hombre, encanto de muchos, pero calamidad para más:

> Esta tierra, este tiempo, esta espantosa podredumbre
> que me acompañan desde que nací

TEMAS 53

(porque soy hijo de una patria triste
y hermosa como un sueño de piedra y sol... (PPP 39)

Renace en el poeta la ilusión y ve en su tierra un deseo de resurgimiento. Pero no son ni las fuerzas gubernamentales, ni los intelectuales, ni la clase media, ni la aristocracia, sino el campesino, el obrero quienes levantarán la inercia del país, pues en ellos presagia el triunfo de su clase y de la dormida patria:

> Pasan días. España
> parece dormida,
> pero un pulso, una rabia
> tercamente palpita,
> puja debajo de
> los trigos de Castilla,
> golpea por los puentes
> del Duero, descamisa
> el pecho, lucha, canta,
> entra en las herrerías,
> en los viejos talleres
> armados de pericia... (QTE 116)

El poeta se molesta tanto con el hombre tradicional que no quiere cambiar nada, como con el que se conforma sabiendo que un cambio es absolutamente necesario. Incita al pueblo a que vea en el futuro una España viva, a que no se conduela del pasado y se cruce de brazos, sino que con nuevo ímpetu de fe en el renacimiento español, luche por llevarlo a cabo:

> No pienses que toda la vida es esta
> mano muerta, este redivivo pasado,
> hay otros días espléndidos que compensan,
> y tú los has visto y te orientaron.
>   (QTE 152 y 153)

Otero, como muchos hombres de su generación y de las más jóvenes, no quiere saber nada de la guerra civil española del 36.[15] Están

---

[15] Estas palabras nos hacen recordar la película "La guerre est finie", que se refiere a nuestra guerra del 36. Aunque la película está hecha en Francia y tiene guión francés, éste fue escrito por un español, mi primo Jorge Semprún. Como el título sugiere, "la guerra ha terminado", la temática se enfoca hacia una crítica de los que todavía viven y sufren pensando en la guerra

hartos de recriminaciones, de odios surgidos a causa de ella, cansados de mirar a un pasado con conmiseración, miedo, odio o coraje:

> Aun no nos damos por vencidos. Dicen
> que se perdió una guerra. No sé nada
> de ayer. Quiero una España mañanada
> donde el odio y el hoy no maniaticen.
> (QTE 156)

Quieren un presente y un futuro nuevos. Vivir en una España universal, convivir con el mundo entero, no en suelo ibérico únicamente:

> Aquí estoy
> frente a ti Tibidabo
> hablando viendo
> la tierra que me faltaba para escribir 'mi patria
> es también europa y poderosa'. (EC 170)

Relacionado con la España que surgió después de la guerra civil, Otero tiene un brillante poema en el que divide al país en dos mitades, como en contienda, y enfrenta una España con la otra. Los versos finales son las famosas palabras de Larra:

> Al tiempo de guerrear,
> al tiempo de guerrear,
> se perdió la verdadera.
>
> *Aquí yace*
> *media España.*
> *Murió de la otra media.* (EC 98)[16]

Por lo tanto ninguna ganó, pues lo que surgió después del horrendo combate fue un cadáver.

No todo lo relacionado con el tema de España en la poesía oteriana es de tono pesimista, como se ha venido comprobando. Notamos con mucha frecuencia que estimula al pueblo español a que, como él, tenga fe y confianza en sí mismo y en el futuro de la triste patria.

---

civil y en el pasado español, sin detenerse a pensar o trabajar hacia la realización de un futuro mejor para España.

[16] *Clásicos Castellanos*, "Día de difuntos de 1836", Artículos políticos y sociales, Madrid, 1927, pág. 261.

La fe que el poeta tiene en ellos. Fe forjada a golpes, que la vida trató de quebrantar, pero sin éxito:

> Para el hombre hambreante y sepultado
> en sed —salobre són de sombra fría—,
> en nombre de la fe que he conquistado:
> alegría. (PPP 54)

En el principio de su obra, cuando dirigía sus versos principalmente a Dios, su anhelo esperanzado residía en la posibilidad de una nueva vida para el hombre, no en este mundo, sino en el otro. Miraba hacia Dios para el cumplimiento de su deseo. Esperaba abandonar las frustraciones de este mundo buscando una eternidad de paz espiritual. Pero ahora su fin es otro. Quiere estimular a sus conciudadanos a que estén alegres, pues sólo en una infusión de alegría podrán soportar la carga de la desgracia y quizás renovar su existencia. El hombre agobiado por su propio carácter abatido, es incapaz de vislumbrar una vida mejor. La inercia llega a apoderarse de él de tal forma, que le somete a una total resignación con su suerte. Sólo la rabia y la alegría son capaces de levantar el ánimo:

> Creo en ti, patria. Digo
> lo que he visto: relámpagos
> de rabia, amor en frío, y un cuchillo
> chillando, haciéndose pedazos
> de pan: aunque hoy hay sólo sombra, he visto
> y he creído. (PPP 71)

> Mucho he sufrido: en este tiempo, todos
> hemos sufrido mucho.
> Yo levanto una copa de alegría en las manos,
> en pie contra el crepúsculo. (EC 80)

Blas de Otero quiere que se efectúe una completa renovación de las leyes, y que éstas se vuelquen más a favor del menesteroso, del campesino, del obrero. Pero para llevarlo a cabo no aboga una revolución sangrienta. Prefiere un hombre de paz a todo ser humano. Lucha a golpes quizás, pero sin sangre:[17] "Creo en el hombre... / Creo en la paz" (PPP 70).

---

[17] Más tarde se comentará con detalle el tema de la paz oteriana, ahora sólo lo apuntamos en cuanto a su relación directa con la temática de España y los españoles.

> Hombro a hombro, hasta ver un pueblo en pie
> de paz, izando un alba. (EC 128)
>
> Borradlo. Labraremos la paz, la paz, la paz,
> a fuerza de caricias, a puñetazos puros.
> Aquí os dejo mi voz escrita en castellano.
> España, no te olvides que hemos sufrido juntos.
>
> (EN 80)

España ha conseguido la paz a duras penas después de una horrible guerra fratricida. Pero es una paz ficticia, pues en su seno arde la inquietud del que no está satisfecho con su suerte, y la patria se complace en su injusta inercia. Otero la amonesta por su indolencia y la anima a que se despierte de su drogado sueño:

> Anda,
> levántate,
> España.
> (Ponte
> en pie
> de paz.)
> España,
> levántate
> y anda. (EC 102)

Esta infusión optimista que hemos notado en varias de sus publicaciones hasta la aparición de *Expresión y reunión,* cesa por completo en los últimos poemas incluidos al final de este libro, y en las "Historias fingidas y verdaderas" que se encuentran allí.[18] Aquí no observamos ese optimismo alentador de los años cincuenta y hasta principios del sesenta. Por el contrario, el poeta ha dejado de creer en una nueva España, o por lo menos cambiada. Ahora habla poco de su tierra. Sólo vemos amargura, tristeza, cierta ironía en su modo de pensar, y completa falta de fe en un cambio para su país:

> El vagabundo mira la lluvia tras el borroso
> cristal. Un momento, ha meditado en la desidia

---

[18] Para la explicación del estilo de las "Historias", citamos al propio autor: "No se trata de poemas en prosa; son, en realidad unas noventa prosas, estructuradas de acuerdo a un contenido, que a veces, se acercan más a cierto tipo de ensayo y otras al de narración, memorias, viajes". Antonio Núñez, pág. 3.

> de su patria, en su celo asfixiante y
> renovador...
> Ha pasado su mano por la frente; ha quedado mirando la lluvia, monótona, incesante, a través de los siglos...
>
> (ER 272)

Antes de cerrar los comentarios sobre el tema de España en la poesía de Blas de Otero, queremos señalar un hecho curioso y es el cambio de ortografía que exhibe el autor al escribir el sustantivo "España", el cual aparece varias veces escrito con letra minúscula. Este último caso ocurre aproximadamente el mismo número de veces en PPP, en EC y en QTE, menos en ENEUL [19] y en absoluto en las otras publicaciones en forma de libro o folleto del autor.

Echando un vistazo general a las citas en donde se encuentra la palabra escrita con minúscula, notamos que es representativo de dos de los subtemas que venimos discutiendo relacionados al principal de la patria: uno, el de la falta de libertad, el otro, el atascamiento español:

> Para qué hablar de este hombre cuando hay tantos
>   que esperan
> (españahogándose) un poco de luz, nada
> más, un vaso de luz
> que apague la sed de sus almas. (PPP 52)

> Sé muchas cosas y otras que me callo.
> Cómo decir españa, patria,
> libre.
> España
> libre. (Violentas
> carcajadas.) (EC 113)

> ... paciencia
> de la patria que sufre
> y la españa que espera. (QTE 98)

Unidos a la implicación de subtemas, existen varios más, pero disminuyendo en importancia, tales como cuando insulta a España, o está defraudado en el ideal español:

---

[19] Esto es debido probablemente a que muchos de los poemas reunidos aquí provienen de los otros libros y los originales están muy limitados en número.

> Junto a la orilla, baten
> las aceñas, españa
> de rotos sueños. (QTE 91)

Una vez sólo en una misma frase la exalta y vilipendia, la antes citada "España miserable / y hermosa". Pero lo que resalta inmediatamente es que en ninguna ocasión cuando escribe el sustantivo con minúscula, hay trazas de admiración por el país y lo que representa. Cariño, tristeza, lástima, sí, pero orgullo de la patria, no; cosa que no ocurre cuando inicia el nombre con letra mayúscula, en cuyo caso se trata de una variación muy diversa de imágenes simbólicas o temáticas, con significados distintos, ya sean de exaltación o censura.

España es muchas cosas para nuestro poeta. Es la sustancia de su ser íntimo, la cuna de su nacimiento, refugio de sus penas, esencia de sí mismo, blanco de sus dardos contra la maldad e injusticia humanas. Otero lleva "España a cuestas", nunca puede ser insensible a la extraña y marcada influencia que ejerce sobre él, pero ni él mismo puede saber lo que verdaderamente es esta tierra, "incomprensible España pupitre sin maestra / hermosa calamidad" (QTE 182). De esta manera en un poema tajante de sarcasmo y acusación feroz hacia su patria, dice el poeta:

> ...¿Sabemos
> acaso qué es España? Meditemos.
> ¿Es un cielo? ¿Una historia? No me río.
> Sigamos, pues, el curso
> de nuestro examen. ¿Es acaso un río?
> ¿Son las vidas? ¿El mar? ¿Será la muerte?
> Después de este desorden, el discurso
> termina. Yo confío
> haya quedado claro lo que es
> España. Un suelo virgen. O, al revés,
> un puto cielo. No me río.
> Tengo
> calor en la cabeza, y en los pies
> y en todo el cuerpo, frío, mucho frío. (QTE 154)

Vemos cuán profundamente simbólicos resultan estos versos para matizar y resumir muchos de los sentimientos que alberga Otero, hondamente herido de amor, manifestando enojo y desprecio pero nunca indiferencia hacia su España.

Compañerismo-hermandad

Repetidas veces hemos hablado del subjetivismo oteriano relativo a su obra temprana en donde sus grandes preocupaciones están relacionadas con el tríptico de amor, Dios y la muerte, temas eternos y corrientes en toda la poesía. Desde PPP se efectúa el cambio radical que hemos indicado previamente y que ahora nos concierne de particular manera, donde su principal interés temático-poético es escribir sobre el hombre en su acepción histórica, es decir, que es ahora la colectividad humana lo que le importa, dentro del medio de su existencia, ya sea en términos de sus problemas personales, o en el ámbito en que vive: "Une fois encore c'est l'homme qui m'intéresse, non plus l'homme considéré comme un individu isolé mais comme membre d'une collectivité placée dans une situation historique déterminée. Les problèmes évoqués sont ceux qui se posent de nos jours à toute l'humanité: assurer la paix et obtenir une liberté authentique". [20]

Notemos, sin embargo, que no es tanto el hombre mundial quien le preocupa, sino más bien el hombre español: "Naturellement, mes poèmes se réfèrent surtout aux hommes de mon pays, l'Espagne". [21] Esto tiene importancia, pues aunque él se llamó a sí mismo "vasco universal", [22] el primer interés temático suyo es siempre España y lo relativo a su país; y dentro de estos conceptos, la libertad y la justicia que se les viene debiendo a los españoles desde hace mucho tiempo, pues es un lujo que raramente les ha sido otorgado en su historia.

Dámaso Alonso titula un capítulo de su libro *Poetas españoles contemporáneos*, "Poesía arraigada y poesía desarraigada", [23] y pasa a

---

[20] Claude Couffon, pág. 20.
[21] Ibíd.
[22] "...tú el vasco universal pero sin presumir tanto como el moguereño" (ER 300). Otero hace mención directa aquí a Juan Ramón Jiménez (recuérdese que Juan Ramón era de Moguer), que se llamó a sí mismo "andaluz universal". Esta cita tiene doble significado teniendo en cuenta nuestra nota número 8 del "Tema de España", en donde hicimos notar una cierta ironía por parte del poeta vasco en referencia a la exclusividad juanramoniana de dirigir su poesía a un núcleo reducido de lectores. Añadimos unas palabras del mismo Juan Ramón Jiménez que reiteran lo dicho: "No creo, 'en ningún caso', en un arte para la mayoría. Ni creo que la minoría entienda del todo el arte" (*Libros en Poesía de Juan Ramón Jiménez*, Aguilar, 1959, pág. LXIII). No cabe duda que las palabras oterianas "sin presumir tanto como el moguereño", son una pulla contra Juan Ramón.
[23] Dámaso Alonso, *Poetas españoles contemporáneos* (Editorial Gredos, S. A., Madrid, 1965), pág. 345.

explicar la diferencia entre los poetas que escriben estos dos estilos de poesía: "El panorama poético español actual nos ofrece unas cuantas imágenes del mundo, muy armónicas o bien centradas, o vinculadas a un ancla, a un fino amarre: todo lo llamaré poesía arraigada" (pág. 345). Señala entre los poetas arraigados a Jorge Guillén, Leopoldo Panero, José María Valverde y José Antonio Muñoz Rojas, en cambio se sitúa a sí mismo con Blas de Otero y Juan de Lecea [24] entre los poetas "desarraigados": "Para otros, el mundo nos es un caos y una angustia, y la poesía una frenética búsqueda de ordenación y de ancla. Sí, otros estamos muy lejos de toda armonía y toda serenidad". Continúa detallando lo que para él significa este mundo caótico: "Hemos vuelto los ojos en torno, y nos hemos sentido como una monstruosa, una indescifrable apariencia, rodeada, sitiada por otras apariencias, tan incomprensibles, tan feroces, quizá tan desgraciadas como nosotros mismos: 'monstruo entre monstruos'; o nos hemos visto cadáveres entre otros millones de cadáveres vivientes, pudriéndonos todos,... (pág. 349). Sin estar en desacuerdo con Dámaso Alonso, queremos sin embargo dar un paso más allá y explayar el sentimiento del desarraigo oteriano.

Tenemos que el poeta, en lo que se refiere a su íntima naturaleza, se siente desamparado, desgajado del mundo, mitad hombre, mitad ángel:

> Esto es ser hombre: horror a manos llenas.
> Ser —y no ser— eternos, fugitivos.
> ¡Ángel con grandes alas de cadenas! (AFH 42)

---

[24] Uno de los seudónimos de Rafael Múgica, conocido sobre todo como "Gabriel Celaya". Notamos, sin embargo, que Blas de Otero y José María Castellet, entre otros, lo escriben "Leceta" (ver: *Ancia*, pág. 145 y *Un cuarto de siglo de poesía española*, Biblioteca Breve, Seix Barral, Barcelona, 1969, pág. 81). Nosotros creemos que esta última ortografía es la correcta. También en el libro de Dámaso Alonso parece indicarse que cuando el crítico escribió este artículo, no conocía la verdadera personalidad del poeta Múgica, o que eligió ignorar el detalle del seudónimo y la incorrecta ortografía. Tampoco es un error de imprenta, pues en el diccionario de nombres al final del libro, está escrito con la misma forma ortográfica. También es curioso notar para nuestra hipótesis, que ni el nombre de Rafael Múgica ni el de "Gabriel Celaya" figuran en este mismo índice, mientras que "Juan de Lecea" sí, empero en el prefacio incluido en *Ancia*, que es una copia textual de la segunda parte del artículo "Poesía arraigada y poesía desarraigada", se escribe correctamente: "Leceta".

Pero no nos equivoquemos e inmediatamente supongamos que existe una antítesis entre hombre desarraigado (cuyo significado traduce María Moliner en su *Diccionario del uso del español*, Editorial Gredos, como "arrancar una planta con su raíz") y el compromiso oteriano con la humanidad. Si esto fuera cierto, entonces sería nuestro poeta un recluso en su "torre de marfil", mientras que sabemos que es todo lo contrario, es un hombre que se siente profundamente vinculado con su prójimo, y con los pies firmemente plantados en la tierra: "no estoy desarraigado aunque ande así, / más bien como una rama en el aire / agarrada con las dos manos a su raíz..." (ER 249). Lo que sucede es, lo dicho anteriormente, que, a partir de PPP,[25] su afán poético ha dejado de subjetivizarse exclusivamente y su preocupación con el hombre en abstracto, pasará a compromiso con el concreto, pero ese intenso tormento de indagación y desasosiego mental a que nos referimos, le acosarán siempre.

En definitiva, nosotros creemos que el desarraigo a que se refiere Dámaso Alonso infiere una humanidad producto de la guerra civil española y las mundiales del catorce y del treinta y nueve, "tristes años de catastrófico apocalipsis" una humanidad a la deriva buscando una fe en un mundo que tenga sentido, deseosa de confiar en un futuro pacífico, pero sin esperanza de que se realice su deseo, una humanidad concretamente interesada en el amor universal, mientras que lo que se observa en derredor es todo lo contrario, odio fratricida, egoísmo, desidia; y recuerda el crítico unos versos oterianos donde (citamos las mismas palabras de Dámaso Alonso), "Otero es quien con más lucidez que nadie ha expresado... los datos esenciales del problema del desarraigo. De ahí, de ahí es de donde brota todo este canto frenético y en jirones" (pág. 351), y menciona el poema "Lo eterno" (AFH 11), para mejor ilustrar sus propios sentimientos.

Entonces vemos que "compromiso" y "desarraigo" no son antitéticos, e incluso pueden ser concomitantes, ya que lo primero está dentro de la esfera de una obligación que el poeta se ha atribuido personalmente y cuyo propósito es luchar con la pluma y la palabra por la justicia, misericordia y libertad sociales, y lo segundo está directamente asociado con una sensación íntima que experimenta el poeta dentro de un mundo histórico en que le ha tocado vivir.

---

[25] Dámaso Alonso cuando escribió su artículo, sólo conocía AFH y RC (ver pág. 350, op. cit.).

De especial interés para confirmar lo que venimos diciendo, es observar cuán temprano es el deseo de adhesión y de compartir los problemas humanos en Otero. Hay dos poemas incluidos en AFH, "Igual que vosotros" y "Canto primero" en los que el poeta indudablemente demuestra su solidaridad humana en todas sus facetas:

> Desesperadamente, ésa es la cosa.
> Cada vez más sin causa y más absorto
> qué sé yo en qué, sin qué, oh Dios, buscando
> lo mismo, igual, oh hombres, que vosotros.
> (AFH 38)

> Definitivamente, cantaré para el hombre.
> Algún día —*después*—, alguna noche,
> me oirán. Hoy van —vamos— sin rumbo,
> sordos de sed, famélicos de oscuro.
> (AFH 59)

En este último poema, sobre todo, encontramos otros subtemas íntimamente relacionados con el principal y son: la esperanza y optimismo del poeta en un futuro mejor, de que se habló en otras ocasiones, y de nuevo el abandono de lo espiritual a favor de lo telúrico, en donde incita al hombre a que se valga de sí mismo y en compañía de sus hermanos, trabaje para un objetivo de completa justicia social y derechos civiles, que también discutimos ligeramente en otros lugares: [26]

> Yo os traigo un alba, hermanos. Surto un agua,
> eterna no, parada ante la casa.
> Salid a ver. Venid, bebed. Dejadme
> que os unja de agua y luz, bajo la carne.
> (AFH 59)

y los versos:

> Si supierais ser hombres, sólo humanos...
> No sigáis siendo bestias disfrazadas
> de ansia de Dios. Con ser hombres os basta.
> (AFH 60)

---

[26] Convendría hacer notar aquí la necesidad que tenemos de repetirnos con alguna frecuencia, a causa de la interrelación que existe en toda la obra oteriana, resultando imposible discutir a fondo un aspecto sin recurrir a otro que a menudo ha sido previamente consultado.

Su descendencia del nivel espiritual de poemas anteriores, se capta perfectamente en las siguientes líneas que forman parte de sus "papeles inéditos", muy pocos de los cuales han sido publicados. Éste en particular se encuentra en EC: "al fin he comprendido que aprovecha más salvar el mundo que ganar mi alma" (pág. 81).

Empero, donde primero aparece plenamente este compromiso humano, que será su razón de ser de ahora en adelante, es en el primer soneto que abre la serie de RC. Lo copiamos entero pues no hay un sólo verso en él que no sea una honda captación de lo que supone el pensamiento oteriano en cuanto se refiere al sentido de compañerismo y hermandad:

> Es a la inmensa mayoría, fronda
> de turbias frentes y sufrientes pechos,
> a los que luchan contra Dios, deshechos
> de un solo golpe en su tiniebla honda.
>
> A ti, y a ti, y a ti, tapia redonda
> de un sol con sed, famélicos barbechos,
> a todos, oh sí, a todos van, derechos,
> estos poemas hechos carne y ronda.
>
> Oídlos cual el mar. Muerden la mano
> de quien la pasa por un hirviente lomo.
> Restalla al margen su bramar cercano
>
> y se derrumban como un mar de plomo.
> ¡Ay, ese ángel fieramente humano
> corre a salvaros, y no sabe cómo! (RC 99 y 100)

Los dos últimos versos son primordiales para comprender cuán profundamente cala el autor su propia insignificancia y el miedo de fracasar ante su propuesta empresa.

A pesar del deseo y la esperanza de que los hombres marchen al unísono hacia una meta de fraternidad pacífica y justa, y que, como hemos de ver, será el fondo primordial de su temática en el futuro, no es aquí donde primero demuestra ese ideal, lo que comprobamos en los versos citados arriba, sino que en un principio se trata más bien de un sentido de compenetración y comprensión de los sufrimientos de los vivientes, respecto a los horrores que sufrimos ante la muerte inevitable y la promesa de una vida eterna. Con lo cual se sigue demostrando el entrelazamiento que existe en los temas oterianos:

> Nada es tan necesario al hombre como un trozo de mar
> y un margen de esperanza más allá de la muerte...
>
> (RC 121)
>
> Parece como si el mundo caminase de espaldas
> hacia la noche enorme de los acantilados.
> Que un hombre, a hombros del miedo, trepase por
>   las faldas
> hirsutas de la muerte, con los ojos cerrados. (RC 147)

Otero cala profundamente la hondura de las miserias humanas y profesa querer mostrar a su prójimo el horrible suplicio que suponen para él sus desgracias, ejemplarizándose como un símbolo de este padecimiento y vistiendo su corazón de luto en señal de protesta y tristeza:

> Pensé poner mi corazón, con una cinta
> morada, encima de la montaña más alta del mundo,
> para que, al levantar la frente al cielo, los hombres
> viesen su dolor hecho carne, humanado.
>
> Pensé mutilarme ambas manos, desmantelarme
> yo mismo mis dos manos, y asentarlas
> sobre la losa de una casa en ruinas:
> así orarían por los desolados. (RC 149)

El hombre necesita de otros seres humanos para su completo desarrollo. Recuérdese que Otero en su soledad y aislamiento buscó la compañía de sus semejantes para compartir su estado, convirtiéndolo entonces en lo que él llama "soledad de los españoles". Es únicamente bajo esta forma cuando adquiere un sentido distinto, pues comienza una nueva fase en la vida personal del poeta que resulta en su compromiso social:

> No estoy solo. Salut au monde! Millones
> y millones están conmigo, estoy
> aquí, con cada uno y todos: soy
> muchísimos, son mar a borbotones. (QTE 165)

Paralela a esta situación está la de la experiencia edificadora de sentirse vinculado a un estrato con el cual, por razones de puro interés y sentimiento personal, converge el poeta:

> Me pongo la palabra en plena boca
> y digo: Compañeros. Es hermoso
> oír las sílabas que os nombran,
> hoy que estoy (dilo en voz muy baja) solo.
>
> ...Es hermoso oír la ronda
> de las letras, en torno
> a la palabra abrazadora: C-o-m-p-a-
> ñ-e-r-o-s. Es como un sol sonoro. (PPP 23)
>
> Un hombre. ¿Solo? Con su yo soluble
> en ti, en ti, y en ti. ¿Tapia redonda?
> Oh, no. Nosotros. Ancho mar. Oídnos. (RC 177)

Como hemos venido observando, la transmutación de la compenetración con el prójimo, ocurre en forma gradual. Primero como un estado puramente intelectual y sensitivo, y luego pasando hacia una experiencia relativa a problemas más telúricos, e imaginando una mutua instrucción y comprensión, cuando el poeta, incluso se siente dirigido por el pueblo, y éste le escucha y se contagia de su optimismo:

> Cuando digo a la inmensa mayoría
> digo luego, mañana nos veremos.
> Hoy me enseñan a andar y ver y oír.
>
> Y ellos ven, oyen la palabra mía
> andar sobre sus pasos. Llegaremos.
> Es todo cuanto tengo que decir. (QTE 52)

Es muy importante tener en cuenta cómo en el tema de la hermandad y compañerismo, entrelaza Otero el del optimismo y esperanza en el futuro. Para ello necesita soliviantar la natural indolencia del hombre español hacia un esfuerzo colectivo con vistas a una mejora social:

> No me resigno. Y sigo y sigo. Y si
> caigo, gozosamente en pie, prosigo
> y sigo. Si queréis seguirme,
> ahincad el paso y escuchad el mío.

> Este es el tiempo de tender el paso
> y salir hacia el mar, hendiendo el aire.
> Hombres, lavad los hombros
> sonoramente, bajo el sol que nace. (QTE 52)

Este esfuerzo renovador y el mayor interés hacia una conciencia social, lo efectuará el pueblo, a quien Otero se dirige, se ha entregado, y en quien ha puesto toda su confianza:

> ...en veinticinco años tres guerras catastróficas,
> pues bien, no me podrán quitar la fe
> en la inmensa mayoría... (ENEUL 159)

> Hermanos, camaradas, amigos,
> yo quiero sólo cantar
> vuestras penas y alegrías,
> porque el mundo me ha enseñado
> que las vuestras son las mías. (ENEUL 25)

Una fuerza interior, inquebrantable es la que anima al hombre que tiene puesta la vista, sin egoísmo, en una mejora social. Unido a ello sabe que no puede desfallecer ni un momento, ni separarse de su empresa un instante, pues el fuego que le anima personalmente es el que transmitirá a quien le siga. El sacrificio es inmenso, la recompensa nula, pero una vez adoptada esta posición, si no se cumple el propósito hasta el final, no sólo se destruye la empresa proyectada, sino que el iniciador acabará destruyéndose a sí mismo también. Cuando se ha gustado y palpado la nobleza, el camino ha de ser firme, recto y elevado. A no ser así, surgirá la completa deterioración del carácter personal, o un horrible ensimismado pesimismo. Nuestro hombre, Otero, se ha dictado la ruta que tiene que seguir, junto al campesino, al proletario, quienes serán su báculo, pues tanto necesitan éstos como aquél, un ideal personificado:

> Aunque el camino ¡aúp! es empinado,
> a mí qué me importa: el pie del pueblo
> avanza, avanza hacia la luz,
> a ras de tierra, despejando el cielo.
>
> la victoria está clara. (PPP 45)

Diremos que, hasta cierto punto, la poesía oteriana dirigida al pueblo carece de sentido práctico, en cuanto que ésta pretende un resurgimiento del mismo, con fines de reforma social, ya que como dice Pablo Gil Casado "las masas en España no leen",[27] pero Otero, aunque escriba dirigiéndose al pueblo, no es tanto su intención despertar a estas gentes de su letargo, e instigar en ellos una preocupación relativa a su estado actual con miras a mejorarlo, sino para que quien le lea adopte su propia actitud de interés hacia el prójimo y sus vicisitudes y, quizás, efectúe los cambios que el poeta desearía ver. Además el artista no siempre escribe pensando en el lector, sino que muchas veces sus escritos son un desahogo de sus profundos sentimientos e inquietudes. Por eso es muy importante comprender y meditar los siguientes versos que explican lo anterior:

> Venid a ver en el papel el viento
> del pueblo; en él, a él le leo y hablo,
> bien es verdad que desde lejos. (QTE 51)

En último término, citaremos las propias palabras del autor, que tan bien definen su posición frente a este conflicto, en un poema que transcribimos entero, titulado, muy a propósito, "C.L.I.M.", cuyas iniciales quieren decir: "Con la inmensa mayoría".

> Pedro Lorenza bate el zapapico.
> Justo Corral hiende la perforadora.
> Talan con la pala del hacha Andrés, Nico.
> Atruena el taller la martilladora.
> Muchos (miles) siegan a golpe de hoz,
> ¿todavía?, el trigo que otros (tres) ahelean.
> *Soy sólo poeta*: levanto mi voz
> en ellos, con ellos. Aunque no me lean. (QTE 54)

En la misma página en que aparece este poema hay una llamada en sí muy explicativa, si es que hay lugar a dudas de la intención poético-social de Otero: "En las condiciones de 'nuestro hemisferio', la literatura no es 'mayoritaria' por el número de lectores sino por el tema".

Como el mejor ejemplo de los rumbos que seguirá su poesía de ahora en adelante, citamos unos versos reveladores en donde el poeta explica su deber hacia el objetivo poético, sin dejar por ello de man-

---

[27] *La novela social española* (Editorial Seix Barral, Barcelona, 1961), pág. XXII.

tener su posición, en lo que atañe al mundo de los hombres. Blas de Otero afirma una muy marcada vinculación entre el poeta artista y el poeta hombre, con sus deberes inherentes hacia el prójimo, sin dudar por un instante que lo uno no está en conflicto con lo otro y que puede existir un armonioso enjambre de emociones poéticas expresadas a favor de su deseado compromiso social, sin que por ello decaiga la materia artística:

> La poesía tiene sus derechos.
> Lo sé.
> Soy el primero en sudar tinta
> delante del papel.
>
> La poesía crea las palabras.
> Lo sé.
>
> La poesía exige ser sinceros...
>
> La poesía atañe a lo esencial
> del ser.
> No lo repitan tantas veces,
> repito que lo sé.
>
> Ahora viene el pero.
>
> La poesía tiene sus deberes.
> Igual que un colegial.
> Entre yo y ella hay un contrato
> social.
>
> Ah las palabras más maravillosas,
> 'rosa', 'poema', 'mar',
> son *m* pura y otras letras:
> *o, a*....
>
> Pero yo no he venido a ver el cielo,
> te advierto. Lo esencial
> es la existencia; la conciencia
> de esta clase o en la otra.
>
> Es un deber elemental. (QTE 39 y 40)

La paz

Podemos ver una trayectoria muy bien definida en cuanto al concepto de la paz en la poesía oteriana. En el primer poema que conocemos publicado, "La obra" (Albor, sin paginación. Primer poema), el tema en cuestión abarca una cierta dualidad, pues a pesar de que esencialmente se refiere a un deseo íntimo de sosiego espiritual dentro del alma del poeta, este mismo sentimiento se extiende al anhelo de una paz universal, y la esperanza de una convivencia humana donde no existan ni el odio, ni la hostilidad. Estas dos posiciones serán, en efecto, las que tendrán más vigencia en esta temática, teniendo en cuenta que varían de importancia según avanza la obra. En un principio será la primordial la paz espiritual, mientras que más tarde, conforme al progreso del compromiso humano, cambiará a la segunda interpretación:

> Vamos a hacer bien las cosas, alma mía.
> Reborde de oración entre los labios
> y saber que los hombres son hermosos
> porque la paz se ha vuelto de repente.
>
> He de poner, cuando me muera,
> un alto ramo de oliva en el término de la obra.

Nos recuerda asimismo, otros aspectos del original ensimismamiento oteriano que luego pasará a transformarse en su envolvimiento con toda la humanidad.

Cuando sale el cuaderno *Cántico espiritual*, sólo entrevemos la busca de una paz espiritual, llevada a cabo con una limpieza del alma y, hasta cierto punto, alcanzada mediante la purga de todos los apetitos sensuales que puedan manchar el esclarecido pudor de nuestro espíritu, perfecto en su deseo de Dios cumplido, y es únicamente de esta forma como podrá el hombre llegar a una completa paz íntima. Entonces el poeta comprende la necesidad de entablar una lucha consigo mismo para que este estado de perfección pueda realizarse y experimentar el amor divino íntimamente compartido entre Creador y criatura:

> Dame el amor más fuerte que esta vida,
> el amor que nos mata y restituye.
> Dame la paz, doliéndose de lucha,
> como un lirio bordado en nuestro pecho. (CE 16)

El hombre sabe que la única forma de sosiego total es la muerte, y que ella, para ser percatada, ha de tener como desenlace el encuentro del alma con Dios, de esta forma juntándose el deseo y su cumplimiento en una unidad de perfecto estado espiritual. Así pide a Dios que le lleve a la meta de esta confrontación:

> Oh, llévame contigo;
> vare el puerto de paz; libre de olas;
> esplenda como el trigo
> cercado de amapolas,
> y muera solo, sin testigo, a solas... (CE 36)

Otero hace una mención exclusiva relativa a la paz espiritual en AFH. Esta alusión ocurre en el poema titulado "Serena verdad", uno de los últimos del libro. Todo él es un canto a la Divinidad, ello implica que la actitud del poeta, en cuanto se refiere a este tema, si no ha cambiado, por lo menos no le absorbe como ocurría en el principio de su obra:

> Allí, mecidas, en vaivén de céfiro,
> en finísima luz y agua de oro,
> gozan la paz, parece que te miran,
> oh serena Verdad, con mis dos ojos... (AFH 87)

De especial interés es que estos versos, y algunos otros, pero muy escasos, en el libro que nosotros consultamos,[28] están escritos en bastardilla, con lo cual creemos adivinar que el autor quiere llamarnos la atención a su contenido. Otra suposición es que se trata de una composición cuya inclusión en este grupo no está de acuerdo con el tono general de esta obra en particular. Indudablemente puede existir esa posibilidad pues, como se notó anteriormente, es el único poema en todo el libro en que se refiere específicamente a la paz per se. También por su posición en la edición consultada, casi al final, y lo que expresa, quiere recordarnos una serie de experiencias intelectuales que el poeta está esquematizando: amor de Dios y amor humano, mezcla de ambos, desgarro ante la incomprensión de la Divinidad, busca de Dios, sufrimiento del hombre que se siente abandonado, horror al vacío de la nada, y el cumplimiento de un deseo místico en el cual el poeta se siente por fin unido a su Creador.[29] Es además

---

[28] Nos referimos a la edición que hemos venido usando continuamente en nuestro estudio de la Editorial Losada, Buenos Aires, 1960.
[29] Este tema se discutirá más tarde, cuando nos ocupemos de Dios en la poesía de Otero.

una despedida de los conceptos que constituyeron la base principal de su poesía, pues ahora ha sufrido un cambio absoluto, descendiendo de vuelos espirituales dirigidos a un Dios mudo, para dedicarse a los problemas y asuntos concretos de esta tierra en que vivimos.

En RC comienza la nueva dirección que adopta el poeta en cuanto se refiere a la paz universal y al ambiente dichoso que ello supondría, ambos relacionados con una humanidad deseosa de vivir en un mundo pacífico. Entrelazado con este tema, se manifiesta el del compañerismo y hermandad, que acabamos de discutir:

> Yo por ti, tú por mí, todos
> por una tierra en paz y una patria mejor.
>   (RC 141)

> Después, como un cadáver puesto en pie
> de guerra, clamaría por los campos
> la paz del hombre, el hambre de Dios vivo,
> la represada sed de libertad. (RC 150)

Es la unidad de los hombres trabajando juntos hacia un fin de paz y justicia lo que interesa a Otero. Querría ofrecerse en holocausto humano que pudiera servir para llevar a cabo este fin que se propone. Quiere "un Dios vivo", un Dios hombre que conozca y pueda compenetrarse con los suyos, no una divinidad en los altares o en el universo que no se comprenda y sólo a ratos se divise:

> Miradme bien, y ved que estoy dispuesto
> para la muerte. Queden estos hombres.
> Asome el sol. Desnazca sobre el mundo
> la noche. Echadme tierra. Arad en paz. (RC 150)

Dos grandes preocupaciones acosan a Otero, además de una constante defensa de un ideal que favorezca la paz: la libertad de expresarse y el poder hacerlo sin temor a represalias, pero si éstas llegan, continuará exteriorizando su pensamiento como sea. Lo que no puede hacer es callarse. Y son precisamente estas inquietudes las que se hacen constar en el poema que citaremos a continuación, que es una de las más fuertes y explícitas manifestaciones testimoniales del poeta, en la que exige la entrega absoluta de los derechos implícitos de todo hombre, que son: vivir en un ambiente pacífico, justo y libre. También atestigua el cambio que se ha efectuado en su personalidad, pasando de una exagerada subjetividad, relacionada principalmente con sus propios problemas, a un grado de fina percepción de los que acosan a la humanidad en su totalidad:

> PIDO LA PAZ Y LA PALABRA
> Escribo
> en defensa del reino
> del hombre y su justicia. Pido
> la paz
> y la palabra. He dicho
> 'silencio',
> 'sombra', 'vacío',
> etc.
> Digo
> 'del hombre y su justicia',
> 'océano pacífico',
> lo que me dejan.
> Pido
> la paz y la palabra. (PPP 56)

Con gesto muy significativo y simbólico, en el que quiere abrazar a la humanidad entera, deseando ser partícipe de sus sufrimientos, Otero se integra al mundo de los hombres, pasando por sentimientos de odio hacia las guerras y los que las causan. Rabia de la impotencia que supone ser un hombre solo en contra de un mundo en contienda:

> Tiendas de paz, brizados pabellones,
> eran sus brazos, como llama al viento;
> olas de sangre contra el pecho, enormes
> olas de odio, ved por todo el cuerpo.
>
> ¡Aquí! ¡Llegad! ¡Ay! Ángeles atroces
> en vuelo horizontal cruzan el cielo;
> horribles peces de metal recorren
> las espaldas del mar, de puerto a puerto.
>   (PPP 10)

En su despertar del letargo espiritual que inundó su espíritu, Otero se indigna ante los actos criminales cometidos contra el hombre en nombre del patriotismo guerrero, así habla al pueblo incitándole a la camaradería y a buscar la paz a toda costa:

> Hombres, izad, alzad
> hacia la paz los encendidos mástiles.
>   (PPP 43)

> ...Labraremos la paz, la paz, la paz,
> a fuerza de caricias, a puñetazos puros.
> Aquí os dejo mi voz escrita en castellano.
> España, no te olvides que hemos sufrido juntos.
>
> (EC 80)

Estos últimos versos son muy típicos de la poesía oteriana en donde en un momento dado se dirige al hombre dulcemente, "a fuerza de caricias", para después golpearnos con palabras de significado brusco, cortante, en este caso "a puñetazos puros". Parece querer despertarnos de nuestro amodorramiento y hacernos compartir su causa pacífica. Fijémonos también cómo los dos últimos versos expresan perfectamente el españolismo oteriano, en donde se integra y se hace cómplice del destino de su tierra ibera.

Otero, como muchos otros hombres de su generación, a pesar de no haber sido directamente responsable de la guerra civil española, se siente manchado por la sangre fratricida que se derramó en ella:

> Todos
> —yo, tú, él— nosotros
> somos hijos
> de la gran guerra...
>
> llevamos
> el signo de Caín grabado
> en la sangre. (EC 146 y 147)[30]

El haber nacido español le hace, indirectamente, responsable de la muerte de sus compatriotas, es una verdad incontestable para él. Ello, más la guerra mundial que sobrevino tan pronto después de la nuestra, le da un sabor amargo de lo que significa el encono que subsiste tan profundamente en el hombre. Le horroriza pensar que éste no ha de vivir nunca en un estado de amor y amistad hacia otro ser

---

[30] Queremos detenernos aquí un momento y meditar sobre estos últimos versos en donde Otero, con unas pocas palabras, nos describe perfectamente el odio que parece existir entre los españoles y que en un tiempo desembocó en una feroz guerra civil, y apuntar que, a pesar de que Otero negó toda influencia unamuniana (ver introducción a este estudio), y nuestra opinión sobre el asunto, la cual seguimos manteniendo, no podemos menos de recordar las palabras de Unamuno en su prólogo a *Abel Sánchez* (Espasa Calpe, S. A., Madrid, 1967): "¿Por qué nací en tierra de odios? En tierra en que el precepto parece ser: 'Odia a tu prójimo como a ti mismo' ".

humano. El hombre no escarmienta nunca y este es el gran terror oteriano el cual ha de airear para intentar salvarse de esta sensación de culpabilidad. Pero no quiere una salvación egoísta, quiere la redención humana llevada a cabo por su propia voluntad y esfuerzo. No puede concebir una liberación individual primero y luego colectiva, sino dentro del seno de un hombre pacífico, así pide al hombre que luche, trabaje para conseguir un himno de paz universal: "¡Fortificad abeles!" (ibíd.), es decir: luchad por el buen hermano bíblico, el pacífico, en contra del maldito, el envidioso, mezquino, ebrio de la sangre de su hermano, pues todos pertenecemos a la misma raza humana, el chino, el africano, el europeo, el americano, no hay diferencia genérica, nosotros somos los que la buscamos o creamos. Así pide que nos mantengamos siempre en un nivel de comprensión y amor hacia el prójimo: "Enhiesta, / el alba os hable en vuestra almena abélica" (ibíd.), doble sentido de esta última palabra: contra la guerra y adjetivo de "Abel", para demostrar el empeño oteriano en defensa de la paz.

De particular interés es su poema dedicado a otro gran español, Antonio Machado, y leído en "La Sorbonne" en un homenaje que se dio en París en 1959 al poeta sevillano de alma castellana, para conmemorar el vigésimo aniversario de su muerte.[31] Uno de los temas que en él se exponen es el deseo oteriano de paz y libertad de expresión:

> ...pronuncio
> *unas pocas palabras verdaderas.*
> Aquellas
> con que pedí la paz y la palabra.
> (EC 153)

También repite los versos contenidos en su libro PPP que empiezan, "Árboles abolidos..." (pág. 62), en donde induce al hombre a que se ponga del lado de la paz y la libertad.

Blas de Otero continúa mirando hacia un futuro sin guerras, e incita al hombre a que le siga y juntos lleven un amanecer pacífico a toda la humanidad. Las dificultades son insuperables, pero el poeta

---

[31] Este poema encierra varios temas y, por tanto, se discutirá más de una vez en nuestro estudio.

no se detiene ni separa de su ruta. Ve su destino muy claro y esperanzado:

> Allá voy voceando paz (a pasos
> agigantados, avanzando, a brincos
> incontenibles). Si queréis seguirme,
> esta es mi mano y ése es el camino.
>
> (AN 154)

En los poemas contenidos en su libro ENEUL que no son repetición de otros publicados anteriormente, sólo dos veces menciona la paz. Una lo hace dándonos a entender que se refiere al final de la guerra civil española del 36. Llama a esta paz "campana funeral", pues provocó no sólo la lenta muerte de miles de víctimas pudriéndose en calabozos, además de la matanza en serie provocada por venganzas personales, sino que también aportó otra clase de muerte impuesta a la esperanza liberal, pues envolvió a España en una angustiosa nube de recelo y censura.

La otra ocasión donde la menciona: "Detrás de una palabra maravillosa" (ENEUL 99), sugiere el poema en sí varias interpretaciones, haciendo muy difícil la explicación exacta del significado del vocablo, dentro de la temática del poema. Sin embargo creemos que el poeta vuelve a usar el sustantivo en su acepción simbólica de tranquilidad y sosiego principalmente.

En su libro QTE, continúa su anhelo de paz, y la esperanza que tiene en su posibilidad para el hombre:

> Dichosos los que viven en la tierra
> armada de confianza en el futuro.
> Mañana es hoy. Oid: estoy seguro
> de que la paz derrotará la guerra.
>
> (QTE 177)
>
> El mundo abre los brazos a la paz.
>
> (ibíd. 178)

Pero notamos que esta ilusión va disminuyendo y comprende lo inaudito que es esperar que su deseo llegue a realizarse, de ahí que dentro de los reflejos esperanzados divisados dentro de los versos, abunde una gran desazón y tristeza:

> Si escribo
> es por seguir la costumbre
> de combatir
> la injusticia,
> luchar
> por la paz,... (QTE 35)
> A otra cosa se van mis manos, mira
>   la paz al borde del precipicio.
>   (ibíd. 41)

En este libro también empiezan a notarse frecuentemente los versos con tonos políticos, como el siguiente: "...quién encendió la paz frente al nazismo / incendiario" (QTE 11).

> ... a seguir
> laborando por todos
> los que callan, y avanzan, y protestan y empuñan
> la luz como un martillo o la paz como una hoz. (QTE 31)[32]

Pero hemos de diferenciar entre ciertas influencias políticas que puedan hallarse en sus escritos, y poesía de propaganda política, que de ninguna manera podemos atribuir a la obra oteriana.

Hay una ocasión en el libro donde otra vez observamos la gran necesidad del poeta hacia una paz personal, pero no se trata aquí de un anhelo puramente subjetivo y espiritual, sino sencillamente de poder vivir en un ambiente de serenidad, sin miedo a la usurpación de derechos naturales, como es la libertad de expresión:

> ...y, sobre todo, paz,
> necesito paz para seguir luchando
> contra el miedo,
> para brindar en medio de la plaza
> y abrir el porvenir de par en par,
> para plantar un árbol
> en medio del miedo,
> para decir 'buenos días' sin engañar a nadie,
> 'buenos días, cartero' y que me entregue una carta
> en blanco, de la que vuele una paloma. (QTE 47)

Este mismo sentimiento de bienestar pacífico lo desearía Otero de una manera especial para su patria chica, en la que, como comentamos

---

[32] Más tarde se comentará sobre la relación con la filosofía marxista que existe en algunos de los temas oterianos.

en nuestra introducción, piensa con frecuencia y nostálgicamente cuando se halla lejos de España:

> ...Anduve mucho,
> como de aquí a Pekín, que digan ellos.
>
> Y una linda mañana, una paloma
> llegará a la ventana de aquel pueblo
> donde aprendí a leer.
> Corónenle de paz mis pensamientos. (QTE 51)

Unido a este anhelo de paz, se entrelaza el de justicia. El pueblo, que tan cerca de su corazón está, anima al poeta a cobrar nuevos ímpetus de lucha verbal para tratar de implantar la única justicia que puede existir para el hombre dentro de un círculo global pacífico.

Como su antecesor Miguel de Unamuno, desea una "paz en la guerra", pero no una paz unamuniana tratada de llevar a cabo a fuerza de una guerra angustiada del espíritu en constante conflicto consigo mismo y con problemas metafísicos, sino la del hombre que lucha por una vida tranquila y de justicia social. Para ello le anima el amor fraternal que siente hacia todos los hombres que, como él, viven subyugados y faltos de derechos civiles:

> Vuestro odio me inyecta nueva vida.
> Vuestro miedo afianza mi sendero.
> Vida de muchos puesta en el tablero
> de la paz, combatida, defendida. (QTE 53)
>
> Si me muero, que sepan que he vivido
> luchando por la vida y por la paz.
> Apenas he podido con la pluma,
> apláudanme el cantar. (QTE 83)

El tema general de los últimos poemas contenidos en ER, es mucho más irónico y pesimista que el del resto de la obra, en la cual divisamos siempre un rayo de esperanza. No se trata sólo de la poesía contenida en el libro, sino también de las "Historias fingidas y verdaderas" que finalizan la antología. De acuerdo a ello, las pocas veces que menciona el sustantivo "paz" en estas últimas historias, en general se refiere a la total desconfianza por parte del autor de que se llegue a un estado pacífico en el mundo: "...y una causa que permanece aún en entredicho, la paz, ante todas las cosas, la paz se ha destrozado, y el cielo es una lamentable tienda de campaña" (págs. 269 y 282 respectivamente). Hacemos excepción, sin embargo, cuando nos referimos a uno de los poemas, en donde el poeta expone ciertos pensamientos que le abruman y relata algunas experiencias ocurridas durante su estancia en La Habana. Aquí otra vez vuelve a su íntimo deseo de paz en la tierra, al que se unen sus ideales de justicia y dignidad humanas:

> ... y tu alma fuera
> y tu palabra siempre a punto de brotar para resguardar la
>   vida y la justicia y la dignidad
> y la paz y la violencia que necesitan los pobres del mundo
> con los que hace ya muchos años echaste tu suerte para
> no retroceder jamás. (ER 301)

Notemos la antítesis entre "paz" y "violencia" que nos recuerda de nuevo las observaciones críticas que hicimos un poco antes, referentes al anhelo de armonía pacífica y justa, que se ha de llevar a cabo por todos los medios a nuestro alcance, aunque éstos lleguen a ser violentos.

Haciendo un resumen de lo discutido sobre el tema de la paz, vemos que ésta representa para Otero un anhelo y sentimiento muy profundos que experimenta el poeta, primero hacia una vida íntima, pero más tarde compartida, de bienestar y tranquilidad, lejos de pasiones nocivas, sobre todo de amor y comprensión que desearía tuvieran los hombres entre sí, y de esta manera poder vivir en una tierra que podría ser un edén, pero que resulta un infierno, a causa de un gran egoísmo y falta de consideración hacia el prójimo.

Llevado de un optimismo propio de su temperamento y una innata bondad, en un principio el poeta confía en que la humanidad llegará a reconocer que sólo en este estado armónico podrá salvarse, no hablando en sentido religioso, sino simplemente en relación a una existencia fructífera terrestre. Luego con enorme desencanto llega a la conclusión que no hay posibilidad de que el hombre pueda vivir en un ambiente de concordia, y entonces sus versos se tornan amargos, tajantes e irónicos, contra todos los responsables de esta horrible verdad irremediable.

La guerra

Aunque tratemos por separado el tema relacionado con la guerra en la obra de Otero, debemos advertir que no consideramos que éste se encuentre incluido dentro de una temática distinta del previamente discutido tema de la paz, sino que, por el contrario, están íntimamente relacionados. No obstante hemos preferido discutirlo individualmente, para que con su análisis particular resalte mejor la importancia e interés que representa simbólicamente en la poesía oteriana.

Blas de Otero es un hombre que, tenemos dicho, ama la paz. Pero si echamos una ojeada a su obra en total, este calificativo puede chocar, pues lo que muy pronto distinguimos en ella es la violencia de sus versos que nos hacen el efecto del golpe de un recio barquinazo. Distingamos, sin embargo, entre un hombre tranquilo y pacífico y otro que abomina la guerra, y precisemos que nuestro poeta se halla entre estos últimos. Yendo al substrato de la materia poetizada, encontraremos específicas menciones del motivo antibélico que le mueven a profesar un profundo odio a todo lo que suponga una contienda sangrienta. Como se comprometió con el hombre y su justo ambiente de vida, también se compromete de palabra a luchar en contra de cualquier germen que pueda desembocar en un accidente belicoso.

No sólo reniega de la horrible crueldad que es sinónimo de guerra, sino que además le parece un absurdo y un desvarío que el hombre tenga que ser muerto por el capricho, la avaricia, la locura o la ambición de los gobernantes. Es el humilde soldado raso el que caerá, o los inocentes civiles, y no el general, quien normalmente se salva. Las víctimas serán las que llevadas en contra de su voluntad, acabarán siendo carne de cañón, mientras que los líderes se enriquecen a costa de ellos, por eso la sangre inocente, la sangre "abel" como el poeta la denomina:

> ¡Alzad al cielo el vientre, oh hijos de la tierra;
> salid por esas calles dando gritos de espanto!
> Los veintitrés millones de muertos en la guerra
> se agolpan ante un cielo cerrado a cal y canto.
> (RC 148)

> Me llamarán, nos llamarán a todos.
> Tú, y tú, y yo, nos turnaremos,
> en tornos de cristal, ante la muerte.

> Y te expondrán, nos expondremos todos
> a ser trizados ¡zas! por una bala...
>
> Escrito está. Tu nombre está ya listo,
> temblando en un papel. Aquel que dice:
> *abel, abel, abel... o yo, tú él*
> (PPP 41 y 42)

Pero es particularmente en contra de las guerras del siglo XX que directa o indirectamente han afectado la vida del poeta, hacia las que se vuelcan su malestar, su ironía y hasta su furia:

> Al ángeles y arcángeles se juntan contra el hombre.
> Y el hambre hace su presa, los túmulos su agosto.
> Tres años: y cien caños de sangre abel, sin nombre...
> (Insoportablemente terrible en su arregosto.) (PPP 20)
>
> Tierra
> roída por la guerra,
> triste España sin ventura.
> (QTE 184)

Quizás la más fuerte diatriba y acusación en contra de todas las guerras, se encuentra en su poema "Mundo" (RC 143), uno de los que mejor representa la maestría poética de Otero. Pero no trata únicamente el tema bélico, sino que en él se encierran numerosos conceptos e imágenes característicos de la obra oteriana.

Podríamos definir como centro temático, además de la crítica contra la acción guerrera, una representación apocalíptica de un mundo caótico, en contraposición con el supuesto estado de orden dictado por ciertos elementos dictatoriales, pero que, al tratar de imponer el orden, han suprimido y pisoteado todos los derechos humanos innatos.

Comienza por presentarnos a San Agustín, profeta y símbolo del orden en el mundo de Occidente, meditando y escribiendo su obra:

> Cuando San Agustín escribía sus *Soliloquios*.
> Cuando el último soldado alemán se desmoronaba de asco y
>   de impotencia.
> Cuando las guerras púnicas
> y las mujeres abofeteadas en el descansillo de una escalera,
> entonces,

cuando San Agustín escribía *La Ciudad de Dios* con una
mano
y con la otra tomaba notas a fin de combatir las herejías,
precisamos entonces,
cuando ser prisionero de guerra no significaba la muerte,
sino la casualidad de encontrarse vivo,...

...los soldados alemanes se orinaban encima de los niños
recién bombardeados.

Detengámonos a examinar por un momento la acción agustiniana. Por una parte escribe un libro, *La ciudad de Dios,* que metafóricamente ejemplariza una vida perfecta de acuerdo con la voluntad divina, pero por otro lado el obispo africano "tomaba notas a fin de combatir las herejías", dicho de otro modo, no tenía ningún escrúpulo en examinar a los hombres que no estaban de acuerdo con los dogmas de la Iglesia cristiana.

Concedemos que podría haber otra interpretación de estos dos últimos versos menos complicada, como sería simplemente el derecho de todo ferviente católico de combatir lo que estuviera en contra de su fe. Sin embargo nosotros optamos por la primera interpretación por dos razones: una, el tono de amarga ironía del poema en total, la otra, teniendo en cuenta que Otero es un crítico señalado del dogmatismo religioso:

> ...Ciudad llena de iglesias
> y casas públicas, donde el hombre es harto
> y el hambre se reparte a manos llenas.
>
> Bendecida ciudad llena de manchas,
> plagada de adulterios e idulgencias;...
>
> Y voy mirando escaparates. *Paca*
> *y Luz. Hijos de tal.* Medias de seda;
> Devocionarios. Más devocionarios.
> Libros de misa. Tules. Velos. Velas.
>
> Y novenitas de la Inmaculada.
>
> (EC 125 y 126) [33]

Concomitante a la actuación de San Agustín, tenemos ejemplos simbólicos bélicos, como son el recuerdo de los soldados alemanes y

---

[33] Se refiere a la ciudad de Bilbao.

su comportamiento, la moralmente devastadora acción inhumana cometida contra la mujer, común a toda guerra y relativa a todos los estratos sociales, y por fin, la mención del prisionero.

Pasando a estos dos sucesos tan explícitamente definidos, vuelve el poeta a su explicación de este mundo, aparentemente ordenado, regido por supuestas leyes morales, pero donde en realidad reinan la mentira y la traición bajo el sello de la pureza: "...cuando las pérfidas mujeres inviolables se dedicaban a / reparar constelaciones deterioradas...", las "constelaciones" como otro símbolo del orden del cosmos.

Ahora la nota se hace francamente pesimista y tajante de sarcasmo:

Triste, triste es el mundo,
como una muchacha huérfana de padre a quien los
salteadores de abrazos sujetan contra un muro.

Los siguientes versos resultan de extraordinario interés crítico que pasaremos a discutir a continuación:

Oh si San Agustín se hubiese enterado de que la diplomacia europea
andaba comprometida con artistas de *varietés* de muy dudosa reputación
y que el ejército norteamericano acostumbraba recibir
    paquetes donde la más ligera falta de ortografía
era aclamada como venturoso presagio de la libertad de
    los pueblos oprimidos por el endoluminismo.

Dentro de esta gran confusión, la armonía y la integridad están representadas por el cuerpo diplomático de las naciones de Europa y el ejército de los Estados Unidos, pero vemos que también esto es ficticio, si tenemos en cuenta dos puntos: el "compromiso" del primero con un núcleo femenino de "dudosa reputación", y la fina ironía en donde el poeta ve lo absurdo e injusto que resulta el querer imponerse un pueblo sobre otro por razones de su propia interpretación de orden y gobierno, "ligera falta de ortografía", "oprimido por el endoluminismo", interpretado como estando iluminado propiamente desde dentro, desde su propio concepto existente, sin necesidad de que venga otro país a dictarle lo que más le convenga, pero que, en efecto, es precisamente lo que se proponen las naciones con deseos imperialistas.

En este poema abunda el pesimismo oteriano, que rara vez se hace sentir, pero notemos cuánta amargura expresan estas líneas:

> Voy a llorar de tanta pierna rota
> y de tanto cansancio que se advierte en los poetas menores
> de dieciocho años.

Hay cierta nota de ironía refinada en algunas de las expresiones que usa el poeta. Actúan sobre nosotros de dos formas distintas, pues por una parte irritan nuestra sensibilidad humana, y por otra nos hacen sonreír. Esto ocurre con frecuencia en la poesía de Otero, donde dentro de situaciones angustiosas o dolorosas, observamos un fondo de humor castizo:

> Nunca se ha conocido un desastre igual.
> Hasta las Hermanas de la Caridad hablan de crisis
> y se escriben gruesos volúmenes sobre la decadencia del
>   jabón de afeitar entre los esquimales.
>
> Decid adónde vamos a parar con tanta angustia
> y tanto dolor de padres desconocidos entre sí.

De suma importancia desde el punto de vista crítico, es la perfecta unidad artística que fácilmente observamos en todo el poema, donde los conceptos y las imágenes se complementan, superimponen, entrelazan y desarrollan de manera uniforme, y la temática se hace constante desde el principio hasta el fin. Lo mismo sucede con el objetivo censorial que se encuentra diseminado por todos los versos:

> Cuando San Agustín se entere de que los teléfonos
>   automáticos han dejado de funcionar
> y de que las tarifas contra incendios se han ocultado
>   tímidamente en la cabellera de las muchachitas rubias,
> ah entonces, cuando San Agustín lo sepa todo
> un gran rayo descenderá sobre la tierra y en un abrir y
>   cerrar de ojos nos volveremos todos idiotas.

Sin necesidad de ir más lejos y mediante el minucioso escrutinio de un poema representativo, creemos haber podido comprobar la nota acusativa de Blas de Otero, poeta abogado de la paz y enemigo constante de la guerra. Por si es poco, terminamos con sus propias palabras altamente reveladoras:

> Es el final, el fin. La apocalipsis.
> 'Al principio creó Dios cielo y tierra'.
> Posteriormente... Construiré una elipsis;
> omitiré 'dolor' y 'muerte' y 'guerra'.
>
> (RC 134)

Capítulo II

TEMAS MENORES

Existen algunos temas de tono menor, pero con existencia independiente, como son el amor y la sensualidad, y otros directamente vinculados con los principales, el ya discutido de la guerra y su destrucción moral y física, que está en estrecha asociación con su opuesto, la paz; Dios y la muerte, en su relación con el miedo de la nada y el deseo de eternidad; el marxismo y la libertad, ésta en su sentido lato muy cerca del tema de la preocupación por el bienestar del pueblo, el que está también aplicado al tema de la hermandad y compañerismo humanos.

Amor-sensualidad

En la primera poesía oteriana, sobre todo la contenida en AL y CE, sus temas amorosos son expresión del ansia de amor puro en donde la mujer deseada es un símbolo virginal. Consiste en un anhelo de unión entre el alma y el cuerpo para ambos fundirse en una entidad excepcionalmente pura. Ello va, indirectamente, unido al seudónimo que comentamos en otra parte. Pero de aquí no pasa, y muy pronto esta forma amorosa desaparecerá para convertirse totalmente en una relación física de sentimiento común entre hombre y mujer. Por eso, aunque pertenezca ligeramente al asunto del seudomisticismo y la sexualidad, no creemos que se debe discutir paralelamente con él, pues tiene su propio ámbito conceptual, más un derrotero que le corresponde exclusivamente y que se proyectará hacia otras esferas relativas:

>   Dame el amor que me libere dentro,
>   esa muchacha blanca y sonriente. (AL "La obra")

> Complexión de este mundo con mis manos
> tronco de árbol, río, mujer pura,
> todo es señal de Dios inmaculada. (CE 10)
>
> Te canto a Ti con el amor divino
> y este rescoldo del humano amor. (CE 13)

En su próxima publicación, AFH, se ha efectuado un cambio completo en la disposición del poeta hacia el sentimiento amoroso y en un grupo de poemas que prologan la obra, reunidos bajo el título "Desamor", ya de por sí muy explicativo, nos muestra que esa idealización del amor que expresó en un principio, es ahora una emoción totalmente distinta, absolutamente terrenal, con muy pocas miras hacia la espiritualidad:

> Cuerpo de la mujer, río de oro
> donde, hundidos los brazos, recibimos
> un relámpago azul, unos racimos
> de luz rasgada en un frondor de oro...
>
> Cuerpo de la mujer, fuente de llanto
> donde, después de tanta luz, de tanto
> tacto sutil, de Tántalo es la pena. (21 y 22)

Los últimos tres versos son indicativos de una de las evaluaciones directamente asociadas con el tema que discutimos, y que más tarde representará uno de los caminos a seguir, en donde el poeta concentra su desilusión en la mujer y su asociación con ella.

En los poemas que encierra este grupo, se encuentra uno en el que se describe el horror que representa para el poeta el ser hombre, y pide a la mujer que le desprecie, rememorando escenas sugestivas de relaciones tempetuosas:

> No vengas...
>
> Escóndete en tu cuarto y cierra la puerta y haz
> un nudo en la llave,...
>
> A la orilla del mar me persigue tu boca
> y retumban tus pechos y tus muslos me mojan las
>   manos,
> en un charco de lágrimas.

Me acuerdo que una vez me mordiste los ojos.
Se te llenó la boca de pus y hiel; pisabas
en un charco de lágrimas.

Despréciame. Imagíname convertido en una rata
gris,
sucia, babeante, con las tripas esparcidas
en un charco de lágrimas. (AFH 29 y 30)

En ocasiones el amor se convierte únicamente en un acto bestial, falto de toda belleza y sublimidad, amor de burdel, amor comprado:

He levantado piedras frías, faldas
tibias, rosas, azules, de otros tonos,
y allí no había más que sombra y miedo,
no sé de qué, y un hueco silencioso... (AFH38)

Los versos transcritos demuestran la pena y desesperación que han invadido el alma del poeta atenaceado por su propia desilusión. Sin saber exactamente lo que buscaba, sabe que no se encuentra en la experiencia del coito que define como "sombra y miedo", y un "hueco silencioso", es decir, el erotismo relacionado con las partes sexuales femeninas, experiencia vacía y triste. Con esto se ve lo lejos que estamos ahora de esa dulce y delicada espiritualidad de un principio.

A la par de estas sensaciones de pura experimentación física, existe una poesía de un grado de marcada sensualidad, a veces dotada de matices finísimos como el poema que transcribimos a continuación donde, por medio de metáforas muy bien escogidas, describe el poeta el busto femenino:

Detrás del mirabel de tu vestido,
linealmente apuntado a los claveles
íntima silban y a la vez crueles,
dos finas balas de marfil erguido.

Herida seda, silencioso ruido
alrededorizando curvas mieles,
al ras del mirabel, tiros donceles
detienen con un palio sostenido.

No sin temblor, sí con vaivén de vela
alada, insignemente sollozante:
brial latido de tirante tela.

> Línea movida, elipse vacilante.
> íntimo sismo, mirabel que ve la
> alta delicia del marfil silbante. (AN 88)

Notemos cómo asimismo está perfectamente dibujado el ritmo de la mujer suspirando, y el detalle de la tela del vestido "herida seda" rodeando el contorno del pecho femenino "curvas mieles", "balas de marfil erguido", palpitando al unísono, en un "vaivén de vela alada". Parece una pintura impresionista acompañada de lento movimiento.

En la poesía referente a este estado voluptuoso, se destaca la que está directamente asociada con el despertar del cuerpo femenino hacia su plenitud física. La inocencia de la niña que empieza a ser mujer y que despierta en el hombre el deseo de su apogeo:

> Niñas de trece años en camisa...
>
> ...enseñando los pies y los pechines,
> proyectos,
> esquemas de otros dos y otros jardines
> más altos, más erectos.
>
> ...botoncito
> jugando a ser ojal entre las piernas. (AN 103)

En otra ocasión, protagonizando las costas de España como símbolo de la mujer, y valiéndose de nuevo de imágenes y metáforas altamente sugestivas, se identifica con el mar "ahogarme en tu mar", y compara el juego amoroso con el efecto del mar-hombre recreándose al bañar las playas de España, luciendo de este modo un juego erótico de mar-espuma-semén:

> Hojas y plantas, ¿ves?, al fin se juntan.
>
> Estoy contigo, todavía más
> que pierna y pierna en su primera etapa,
> sí, todavía más, en tu entrepétalo.
>
> ¿Ves cómo el mar se viste y se desviste
> ante tu vista? Así, isla mía, verte.
> Entrar desde la orilla, hollarte, hundirme
> hasta ahogarme en tu mar, marbella viva,
> Mar bella. Ola a ola. Todavía
> no. No. NO. La noche está hecha de polvo
> de estrellas y de estrellas y de estrellas.

Ellas esplenden, ¿ves?, sobre Marbella. (AN 105 y 106)

La naturaleza y el hombre se entrelazan y confunden en su estado procreador y recuerda el efecto acariciador producido por las aguas del mar en la resaca de la marea, con su semejante proceder humano.

Estos poemas ejemplarizan la cuantiosa riqueza metafórica que encierra la poesía oteriana y que tendremos la oportunidad de admirar y discutir más tarde.

Blas de Otero menciona varias mujeres en su obra, algunas que podemos suponer conoció y quizá amó, otras imaginadas o soñadas, y varias que son recuerdo de sus primeros enlaces amorosos. Nos viene a la memoria entre otras la "Mademoiselle Isabel" del poema del mismo título que parece relacionarse con una profesora de francés de su niñez. Es muy posible que existiera esta señorita, pero también cabe que el niño, acercándose a la pubertad, imaginara actos eróticos con un ideal femenino:

> Mademoiselle Isabel, rubia y francesa,
> con un mirlo debajo de la piel,...
>
> Princesa de mi infancia: tú, princesa
> promesa, con dos senos de clavel;
> yo, *le livre, le crayon, le... le...*, oh Isabel,
> Isabel..., tu jardín tiembla en la mesa.
>
> De noche, te alisabas los cabellos,
> yo me dormía, meditando en ellos
> y en tu cuerpo de rosa... (AFH 17 y 18)

Es extraordinario el grado imaginativo de los símiles oterianos, fijémonos cómo hace vibrar la personalidad y atractivos físicos de la francesita: "con un mirlo debajo de la piel... tu jardín tiembla en la mesa...".

También desfilan por su obra jovencitas que, como él, despiertan al amor; recordemos a su "jarroncito de porcelana" que mencionamos en nuestra introducción, y a quien se está refiriendo ahora:

> Vivía en aquella ciudad un jarroncito de porcelana que se llamaba Olivia. Como tenía los pechitos a medio crecer, olía a jacinto y a tequieromucho juntamente. Iba al mismo colegio que yo, así que nos hicimos novios.

Al miedo de romper la amorosa ilusión virgen, se junta el creciente deseo sexual que va apoderándose de los jóvenes:

> ...Yo la esperaba a la salida de clase... Nos íbamos a un jardín grande... Jugábamos a prendas, por ejemplo, pero siempre había el peligro de que ella le tocase mi mano en el tequieromucho y se lo rompiese... Sentadita como una silla de muñecas, cantaba aquello de '*La niña que está en la bamba*'... por hacerme rabiar: pero en seguida íbamos a lo nuestro, dejándonos de coplas. (AN 98 y 99)

Nos gusta cómo el autor contrasta el romanticismo primerizo con el clásico realismo oteriano que acaba imponiéndose: "Jarroncito de porcelana... olía a jacinto y a tequieromucho.... Sentadita como una silla de muñecas" y terminando con: "pero en seguida íbamos a lo nuestro, dejándonos de coplas". Más castizo no puede ser.

Hay una ocasión muy importante en su obra, dado el contenido del poema, en donde se dirige a una mujer sin nombre. Empieza con una nota amarga y de honda tristeza: "Hoy el dolor, adelantando el paso, / nos cojió por la espalda... horrible como un mar en sangre viva / es el dolor ardiéndonos furioso". Pero bien pronto se rehace el poeta de este tono desesperado y se levanta su ánimo. Ahora bien, casi siempre cuando esto ocurre, es por un enorme esfuerzo de voluntad propia, sin necesitar ayuda, o si la requiere la exige altanero del cielo, o amistosamente de sus compañeros; pero aquí se dirige humildemente a una mujer: "Mendicantemente, / entro en tu brisa, masticando polvo. / Vuelve tus ojos hacia mí. Ya sabes, / esos tus ojos misericordiosos" (AN 107).

También choca el tono acongojado del poema, pues es de las muy escasas ocasiones en que se hacen patentes una atención especial e interés hacia el sexo femenino, suplicando ayuda.

En otra ocasión observamos una relación mezcla de comprensión y apoyo moral, otorgada por una mujer al poeta, cuando éste en un estado de desesperación y aniquilamiento moral, se refugia en este cariño, buscando un asilo para su soledad angustiada:

> ...he apoyado la frente
> en tu cuerpo y te has aproximado un poco
> más
> sin duda sabiendo que no es bueno que el hombre esté solo...
>
> (ENEUL 96)

Convendría notar, que dentro de su interés femenino, demuestra el poeta muy poca admiración por la mujer en general, y cuando aquél ocurre, es mezcla de conmiseración, y va dirigido, principalmente, a la mujer del pueblo, a la desvalida, o a la prostituta:

> Todo tiene su término; desecha
> esos pensamientos, y vámonos al campo
> a ver la hermosura de la lavandera
> antes que el río muera entre sus brazos.
> (QTE 153)

> María del Coro Fernández Camino,
> nacida en Jaén,
> destrozada en Huelva,
> bonita en Madrid
> y mujer a la deriva en Gijón,
> ave maría purísima
> buscando amor y la libertad,
> en Jaén,
> tres pesetas doce horas
> acumbrando las olivas,
> para quién,
> y cuando salió de Huelva
> volvió la cara y maldijo
> la tierra que la pariera. (ENEUL 92)

La mujer pobre y explotada se convierte también en el símbolo de la injusticia social. En un poema hirviente de sarcasmo e ironía, se exponen los crímenes sociales que se cometen contra el pueblo, siendo las desdichadas mujeres las víctimas que representan este estrato social, todo ello en nombre de la caridad:

> Laura,
> paloma amedrentada,
> hija del campo, que existencia ésta,
> dices, con el hijo a cuestas
> desde tus veinte años,
> tres en la Maternidad
> fregando los suelos,
> por caridad
> (por caridad, te dejan fregar el suelo),
>
> Laura,
> te amo directamente,
> no por caridad,

> ...pero no olvides
> (nunca),
> yo te amo directamente,
> y no
> por caridad. (EC 132)

El poema transcrito muestra que es únicamente este tipo de humanidad femenina el que atrae el afecto del poeta, libre de prejuicios, desprovisto de todo interés egoísta.

Para las demás mujeres experimenta Otero una mezcla de pasión emotiva y deseo, rara vez un sentimiento cariñoso:

> Serpiente azul en forma de azucena
> Ea, azucena en trance de serpiente.
> Víbora y flor besándose en la frente.
>
> Ríes. Te quiero. Delirante lirio.
> Víbora viva aleteante. Cuna
> íntimamente unida a mi delirio. (ENEUL 88)

Las propias palabras del poeta expresándose sobre el amor, nos dan la clave de cuál es su pensamiento respecto a este tema: "Amarga / como el amor".

Pero la mujer, por lo general, tiene muy poca importancia en la poesía oteriana. Son relámpagos fugaces que van y vienen, sin dejar huella, es más, la única vez que se refiere directamente al sexo femenino en conjunto, y que le dedica todo un poema, lo hace en forma de una fuerte diatriba, tajante en su franqueza:

> Ahora me toca hablar a mí.
> Tema: De las mujeres, en general.
> Concienzudamente documentado
> tras treinta años de traspieses,
> expongo lo siguiente:
> Arteras, calculadoras, mentirosas,
> purísimas en público,
> públicas con careta
> —tales o cuales, repúblicas reconocidas
> por el ONU y el otru—,
> tramposas,
> chismosas,
> cariñosas,

       como las gatas
                y las patas
                       de las raposas:
       y otras cosas
       que no digo, ni desdigo, de las cuales
       soy testigo
       juez
       y verdugo, por enésima
       vez. (ENEUL 110 y 111)

   Meditando sobre todos los puntos expuestos y discutidos, hemos llegado a la conclusión que el tema del amor hacia la mujer en la obra de Blas de Otero, demuestra una fuerte desilusión y falta de confianza en el sexo femenino, lo que despertó una creciente amargura en el poeta, y acabó siendo motivo de desprecio y crítica acerba contra la posibilidad de una feliz relación mutua.

Dios

   Siguiendo la orientación acostumbrada en la obra de Blas de Otero, bajo la cual el vate comienza por subjetivizarse completamente para después volcarse hacia el mundo de los otros hombres, encontramos que uno de los aspectos principales de su primera poesía es la relación que existe, o más precisamente, desea que exista Otero, entre él y un Ser Supremo a quien convierte en un Dios personal, o incluso en un anhelo de esta divinidad. Para ello recurre a una serie de cantos seudo-místicos en los que se ve un esfuerzo de sincero amor divino mezclado con otras particularidades como son la musa poética y el amor sexual. Es decir, que aquí no se trata de un "Cántico espiritual" al modo místico de San Juan de la Cruz [1] donde el concepto principal es una canción de inmenso amor hacia Dios, sino más bien un enjambre de emociones particulares oterianas poetizadas con fines de expresión creadora. Ello no quiere decir que esta poesía no reclama sinceridad en su producción, sino que es más bien un intento hacia la plenitud de un estado de conjunto humano y espiritual en un ser sobrenatural, en quien pueda completarse el hombre:

       Todo el amor divino, como el amor humano,
       me tiembla en el costado, seguro como flecha.

---

[1] A pesar de que tenemos presente que el poeta eligió este título para un grupo de sus poemas.

¡Oh Sembrador del ansia; o Sembrador de anhelo,
que nos duele y es dulce, que adolece y nos cura!
                                    (CE 9)

Oh alma, que posesa
estás de Dios, recibe su primicia,
y, en el silencio fresa
del alba, la delicia
arregosta, de unión. (CE 38)

Cuando Otero habla del hombre en relación con Dios, tiende a hacerlo en forma de integración mutua. Acostumbra a identificar a aquél con la tierra de donde, simbólicamente, procede. Así Dios es el "Sembrador" y el hombre "el suelo" donde Dios planta su "vid hermosa", para que florezca la "espiga pura", de esta forma haciendo una comparación entre la Deidad en sí y lo que en el hombre haya de espiritualidad, o divinidad si se quiere, como imagen y semejanza de su Creador. También con los símbolos de "espiga" y "vid" nos quiere recordar la Sagrada Eucaristía y la sangre de Cristo, y a Éste como Redentor de la humanidad: "Aquí tenéis, en haz de horizontes, mi suelo / para la vid hermosa, para la espiga pura" (CE 9).

El verdadero místico es un ser absolutamente viador, un caminante en tránsito hacia la unión espiritual con el Amado. Vive en constante desazón. Únicamente en el momento del rapto encuentra total felicidad, el resto de su existencia es un ansia de Dios insatisfecha, pero la esperanza de que algún día le será concedida la "visio beatifica", le salva de su desidia y engendra en él, con frecuencia, no sólo un ímpetu enérgico, sino también una gran dulzura y amor hacia todo lo creado. Cuando se trata del místico poeta, éste recrea en sus versos la imagen divina visualizada en el éxtasis, mediante metáforas y símbolos humanos. Con frecuencia le encontramos adorando a Dios en sus criaturas. Se interesa por la naturaleza pues en todo ve una manifestación de la mano divina.

Otero no es un poeta místico, ni pretende serlo. En su primera obra era simplemente un hombre que quería poder satisfacer el deseo de plenitud que todo hombre tiene. Siendo la poesía un aspecto muy importante de este logro, se sirve de ella para expresar sentimientos recónditos de su espíritu.

Compara el poeta a su musa con el deseo del alma de Dios. La poesía es como Dios, divina. Es creación del hombre, pero se remonta en vuelos de belleza hasta llegar a la perfecta Hermosura, donde se confunde. Pero no se trata de poesía divinamente inspirada, sino que viene directamente de su raíz humana, para después juntarse y divinizarse eternamente. Pensamos que para el poeta su creación tiene la misma importancia y aspiración, y le produce el mismo goce, que la oración del alma de un místico enhiesta hacia Dios. Es la poesía una mayor manifestación del don productivo de una humanidad endiosada. Si el hombre es eterno, también lo es su obra:

>   Oh eterna poesía.
>   Eterna como el hombre que la ha hecho.
>   El cuerpo se moría...
>   nacíanle del pecho
>
>   alas de eternidad, sobre su techo.
>   El hombre que la canta
>   y el hombre, respondiendo, que la siente,
>   goza su paz, levanta
>   hacia su luz la frente
>   y está lejano, poseído, ausente. (CE 24)

Otero quiere que su voz sea como el Verbo Divino, viva encarnación poética, su palabra. La voz de Dios y del hombre fundidas:

>   'En el principio...' Dame
>   la creación devuelta con mi mano
>   a aquella luz...
>   Venid, venid a oírme;
>   ya siento los misterios desplegarse,
>   y sé que van a abrirse
>   la voz donde extasiarse,
>   la voz donde quedarse y olvidarse... (CE 26)

El alma oteriana, mezcla de deseada infusión divina y amor hacia la poesía, se encuentra circunscrita porque no puede llegar a un perfecto estado de ensimismamiento en una exaltación capaz de levantarla en vilo hacia mundos imposibles de crear con su limitada capacidad humana, así podemos sugerir que los principiantes vuelos místicos por los que navegó nuestro autor eran, más que nada, un deseo, no tanto de purificación del alma, sino más bien un escape en aras de una poesía excepcional.

Es interesante recordar aquí el trabajo del abate Henri Bremond y Jacques Maritain que menciona Helmut Hatzfeld en su libro *Estudios literarios sobre mística española*, [2] diciendo que estos autores "han puesto en claro que el místico y el poeta tienen experiencias categóricamente similares. En primer lugar, uno y otro buscan a tientas en la oscuridad lo que no pueden producir por sí mismos; después, en un instante, reciben una 'iluminación' que les hace aprehender intuitivamente, no analíticamente, una realidad oculta para el hombre corriente. Pero aquí acaban las semejanzas y comienzan las diferencias fundamentales. La realidad del místico es Dios; la realidad del poeta es lo humano o lo divino en un sentido general, en cuanto se presenta como un misterio que hay que aprehender y no como un problema que hay que analizar".

Se dijo que el amor sexual representa uno de los aspectos telúricos del seudomisticismo poético oteriano, paralelo al anhelo espiritual. Conviene recordar aquí los símbolos del "río", "flecha" y "ojos", penetrando el alma del poeta, para hacer una comparación con su contraparte: la experiencia sexual copulativa:

> ...Hay unos ojos que nos miran
> y nos clavan; sentimos su presencia
> en el costado, como un alfiler
> en tierna mariposa... (CE 12)

> La flecha vino pura, dulcísima y derecha:
> el blanco estaba abierto, redondo y muy cercano.
>   (CE 9)

> ¡Ah Señor, si mis ojos se te abrieran
> como un puente. Tú, río traspasando... (CE 11)

> Puente de dos columnas, y yo río.
> Tú río derrumbado, y yo su puente
> abrazando, cercando su corriente
> de luz, de amor, de sangre en desvarío.
>   (RC 127) [3]

---

[2] (Biblioteca Románica Hispánica, Editorial Gredos, Madrid, 1955), páginas 14 y 15.

[3] El título de este poema es "Cuerpo tuyo" y se dirige a una mujer.

Dios es para Otero como un fuego que nos consume, y el deseo que el poeta tiene de Dios es el mismo que Éste tiene de los hombres. Ve a la Divinidad como un ser que nos crea para más tarde reclamarnos y gozarnos. La mujer tiene para el poeta aspectos parecidos en el hecho que consume al hombre y éste se encuentra perdido, vencido por la furia de su deseo:

>   Besas como si fueses a comerme.
>   Besas besos de mar, a dentelladas.
>
>   Besas besos de Dios. A bocanadas
>   bebes mi vida. Sorbes. Sin dolerme,
>
>   tiras de mi raíz, subes mi muerte
>   a flor de labio. Y luego, mimadora,
>   la brizas y la rozas con tu beso.
>
>   Oh Dios, oh Dios, oh, si para verte
>   bastara un beso, un beso que se llora
>   después, porque, ¡oh, por qué!, no basta eso.
>   (AFH 23 y 24)

El poeta siente un fuerte desasosiego que le lleva hacia un encuentro raudo con una deidad que divisa, pero no conoce en realidad. Todos sus esfuerzos van dirigidos hacia ese momento en que se sentirá invadido por la presencia divina. De igual forma experimenta ese mismo sentimiento de necesidad de plenitud física y moral observando el cuerpo desnudo de una mujer, confundiendo ambos deseos en uno: poderse integrar plenamente en sí mismo:

>   Cuando te vi, oh cuerpo en flor desnudo,
>   creí ya verle a Dios en carne viva.
>   No sé qué luz, de dentro, de quién, iba
>   naciendo, iba envolviendo tu desnudo
>
>   amoroso...
>
>   Te veía, sentía y te bebía,
>   solo, sediento, con palpar de ciego,
>   hambriento, sí, ¿de quién?, de Dios sería.
>
>   Hambre mortal de Dios, hambriento hasta
>   la saciedad, bebiendo sed, y, luego,
>   sintiendo, ¡por qué, oh Dios!, que eso no basta.
>   (AFH 27 y 28)

La honda desilusión viene después, cuando se da cuenta de que tampoco esto le satisface.

La imagen sexual engendradora se puede comparar al deseo humano de endiosarse, concomitante a Dios como progenitor del hombre y su alma, teniendo también en cuenta que ambos crean seres que serán pasto de muerte:

> Cada beso que doy, como un zarpazo
> en el vacío, es carne olfateada
> de Dios, hambre de Dios, sed abrasada
> en la trenzada hoguera de un abrazo.
>
> Lloras sangre de Dios por una herida
> que hace nacer, para el amor, la muerte.
>   (RC 129 y 130)

A nuestro juicio, estos dos últimos versos, como imágenes simbólicas evocadoras, son de lo mejor que se ha escrito en lengua castellana. Resultan impresionantes y su fuerza descriptiva es verdaderamente admirable.

Volviendo a la obra seudomística oteriana, notamos que sobre todo la incluida en CE, es menos espontánea, menos original, no tiene la frescura ni el poder seductivo que encierra todo lo que escribió después, por eso la consideramos enteramente transitoria.

Es más, aún en aquellos poemas primerizos en donde aspira a remontarse a altitudes de simbolismo místico, Otero nos da una ligera visión de su profunda humanidad y substrato telúrico cuando en sus versos alternan palabras tales como "arregosto de cielos", y "reclamen luminoso" con "un gris de rumor de asfalto".

El deseo que tiene de Dios, no está completamente desprovisto de matices egoístas, como es la gran necesidad de perpetuarse que con frecuencia invade los más íntimos resquicios del hombre. Ello nos hace recordar la obsesión unamuniana sobre el mismo tema, con la diferencia de que en Blas de Otero, cuando comienza a escribir, no parece que le acosan las grandes dudas que atormentaron a Don Miguel sobre la existencia de Dios, sino que aquél en un principio opta por querer mostrarnos su gran fe, y su busca es más bien de comprensión y unión, y no de indagación. Quiere experimentar la presencia divina, sin necesidad de mezclarse en problemas y preocupaciones metafísicos:

> Porque quiero tu cuerpo y lo persigo
> a través de la sangre y de la nada.
> Porque busco tu noche toda entera.
>
> Porque quiero morir, vivir contigo
> esta horrible tristeza enamorada
> que abrazarás, oh Dios, cuando yo muera.
>
> (AFH 26)

Su clamor representa la voz angustiada de un hombre que quiere amar desesperadamente y conocer lo que ama, pero el objeto amado se niega a revelársele, de ahí la frustración y congoja que abunda en la poesía relacionada con la asociación entre el hombre y su Creador:

>Ancléame en tu mar, no me desames,
> Amor más que inmortal. Que pueda verte.
>
> De tanto hablarle a Dios, se ha vuelto mudo
> mi corazón. Con gritos sobrehumanos
> le llamé...
>
> Hemos sufrido ya tanto silencio,
> hemos buscado, a tientas, tanto; estamos
> tan cubiertos de horror y de vacío,
> que, entre la sombra, Su presencia quema.
>
> (RC págs. 110, 115 y 85 respectivamente)

La furia del amante que ama a ciegas, sin haber conocido nunca el ser amado, pero presintiéndolo. Quiere poseer una fe completa, pero sabe que esto es imposible. No puede ni siquiera contemplar con tranquilidad un ser que quizás no exista, así le reta, le llama, hasta le insulta, todo para despertar en Él alguna reacción o respuesta.

Entre las experiencias más desalentadoras que experimentamos, está la duda que nos sobreviene cuando queremos creer desesperadamente en algo o alguien, y vemos que nuestra idea de ello es sólo una ficción creada por nuestra imaginación. Lucha Otero por esta convicción, como lo haría el hombre por un héroe acartonado a quien ha disfrazado de cualidades que no son las suyas:

> Busqué y busqué. Mis manos sangran niebla,
> tropiezan en llambrias y galayos,
> se me abrieron, llagaron de infinito,
> pero todo fue en vano: Te evadiste.

> Llegué a odiar tu presencia. Odiemos, dije,
> al Inasible. ¡Ah, sí! Pero el suplicio
> se hizo mayor. Mi sed ardía sola.
> Como una ola, me anegaste tú. (RC 86 y 87)

Pero como ocurre a menudo en todo hombre extremadamente sensible, muy pronto surgen las mismas dudas unamunianas, y al deseo y amor de Dios, se une el enorme enigma que supone para él la Divinidad y su prometida eternidad. Es el íntimo dolor de su espíritu interrogante, pues se sabe humanamente mortal y está inseguro de su inmortal trascendencia, más el miedo y rebeldía suscitados al encontrarse periclitado por tener que abandonar una conocida vida física para hallarse en medio de una inmensa y desconocida eternidad:

> Pero mortal, mortal, rayo partido
> yo soy, me siento, me compruebo. Dura
> lo que el rayo mi luz. (AFH 49)

Como base eternizadora, reniega de la muerte, aun cuando pretenda creer en una resurrección inmediata y eterna. Querría para sí mismo y para la mujer amada un pasaje a la otra vida sin que ésta, la conocida, cesara, o sin la horrenda y devastadora cicatriz que implanta la muerte en el cuerpo humano. Siente una verdadera aversión al pensar en esta deterioración que tiene que sufrir un ser querido antes de gozar de la eternidad:

> Señor, si su carne no se fuera
> debajo de la tierra...
>
> Si sus venas, hoy día verdaderas,
> no fueran túnel de la muerte, vanos
> caminos de la nada hacia lejanos
> días sin luz, sin sangre...
>
> Si no acabara nunca lo que amamos
> y ella, tan viva hoy, no fuera muerta
> que un día tú, Señor, a coger vienes.
> (AL "Señor")

Uno de los peores tormentos que sufre el hombre en su asociación con Dios es el miedo de considerarse como un capricho o juguete de una divinidad que nos creó para después ejercer su natural potestad matándonos, porque el poeta está convencido de que es Dios quien directamente contribuye a nuestra muerte:

> Ah, si morir lo mismo fuese echasen
> nuestros cuerpos a Dios, desnudos, bellos,
> y sus manos, horribles, nuestros cuellos
> hiñesen sin piedad, y nos ahogasen...
> (RC 109)

> Déjame. ¡Si pudiese yo matarte,
> como haces tú, como haces tú! Nos coges
> con las dos manos, nos ahogas. Matas
>
> no se sabe por qué. (RC 114)

> (Diente a diente, Señor, y vena a vena
> vas sorbiendo mi muerte. (AFH 25)

En su afán de descarga contra Dios, llega a construir en sus versos una deidad monstruosa que ni siquiera se conforma con tragarnos después de muertos, sino que se ceba incluso en los vivientes:

> Parece como si el mundo se acabase, se hundiera.
> Parece como si Dios, con los ojos abiertos,
> a los hijos del hombre los ojos les comiera.
> (No le bastan —parece— los ojos de los muertos.)
> (RC 148)

No comprende cómo puede existir una asociación amorosa entre creador y criatura si aquél permite que suframos el horror de nacer y vivir para después morir. No entra aquí la posibilidad de una eternidad inconmensurable, ahora lo que le preocupa es el hondo misterio y el natural sobrecogimiento que sentimos ante la muerte. Concomitante a este sentimiento está la duda que le atormenta de si verdaderamente existe Dios o es simplemente una ficción nuestra o que no se trate de un ser concreto, sino de elementos atmosféricos o terrestres:

> Imagine mi horror por un momento
> que Dios, el solo vivo, no existiera
> o que, existiendo, sólo consistiera
> en tierra, en agua, en fuego, en sombra, en viento.

> Y que la muerte, o estremecimiento,
> fuese el hueco sin luz de una escalera,
> un colosal vacío que se hundiera
> en un silencio desolado, liento. (RC 105)

Es fácil alcanzar a ver en todo esto el profundo deseo que tiene el poeta de plasmar su propia idea de Dios, para tranquilizar esa inquietud que le consume e incita a la rebelión contra la Providencia Divina. Así comprobamos que, mezclado a la pura intención amorosa por sí misma, continúa el ansia del hombre de hacerse eterno, y aseveramos que el amor de Dios oteriano no es a la manera de un San Juan de la Cruz o una Santa Teresa de Jesús, a quienes tanto abrasaba el anhelo de unión divina, que lo expresaban con "muero porque no muero", sino que en nuestro poeta tiene su origen también en su rebelión contra la muerte:

> Pero mortal, mortal, rayo partido
> yo soy, me siento, me compruebo. Dura
> lo que el rayo mi luz... (AFH 49)

> Grandes dolores, con un hambre inmensa,
> nos comieron las ansias; mas ninguno
> es como tú, dolor de Dios: león
> del hombre; hambre inmortal;
> sed siempre en vilo. (RC 86)

Empero, vislumbramos en el poeta un tremendo desgarro y una lucha espantosa contra Dios a quien acosa, increpa y acusa de ser culpable de nuestras ansias, puesto que nos ha creado para desearle, y sin embargo se niega a mostrarse, y sólo muriendo a esta vida podemos esperar encontrarle, pero al mismo tiempo instilando en nosotros un natural apego a la existencia conocida:

> Oh, cállate, Señor, calla tu boca
> cerrada, no me digas tu palabra
> de silencio...

> ...Ay tu silencio vuelve loca
> el alma: ella ve el mar, mas nunca el abra
> abierta; ve el cantil, y allí se labra
> una espuma de fe que no se toca.

> Poderoso silencio con quien lucho
> a voz en grito: ¡grita hasta arrancarnos
> la lengua, mudo Dios al que yo escucho!
>
> (AFH 75 y 76)
>
> ...Así, repite
> el corazón, furioso, su chasquido,
> se revuelve en tu sombra, te flagela
>
> tu silencio inmortal... (AFH 50)

De sumo interés es observar a través de sus versos, primero, la lucha que sostiene Otero con esta Deidad acerba, y después, al sentirse totalmente defraudado, la rendición a lo inevitable: el desprecio agraz. El sentimiento amoroso, silente, del que quiere que su alma sea un espejo de Dios, de sentirse brizado en el divino regazo, cambia al encontrarse abandonado, y es cuando empieza a buscar a Dios, más que por nada, porque la misma busca le garantiza su existencia. No se busca lo que no se cree que exista. Sin embargo, según va madurando el pensamiento oteriano, principia a dudar de sí mismo, del fantasma que ahora piensa ha creado. Presiente que su Dios está periclitado, y es entonces cuando le llama a gritos. No es una oración la suya dulce y cariñosa, sino un alarido desgarrador, un fuerte quejido del que se considera perdido y agonizante. Es quizás "el silencio de Dios", lo que más angustia ha causado siempre al poeta. Ahora sufre el tormento de la enfermedad del espíritu.

Cuando esto ocurre, y al ver que Dios no le hace caso, se aparta de Él para dedicarse a los hombres que como él sufren este mismo abandono anegado. Pero no ha dejado de creer enteramente, sino que ha dado la espalda a Dios, porque éste se ha negado a revelársele.

Aún en su compromiso humano todavía observamos ciertos dejos de fe y esperanza en la existencia de Dios:

> Escucha cómo estoy, Dios de las ruinas.
> Hecho un cristo, gritando en el vacío,
> arrancando, con rabia, las espinas.
>
> ¡Piedad para este hombre abierto en frío!
> ¡Retira, oh Tú, tus manos asembrinas
> —no sé quién eres tú, siendo Dios mío!
>
> (AN 53)

El primer indicio que vemos perteneciente a la inconsciencia, o desinterés, en una divinidad, ocurre cuando empieza a usar el sustantivo escribiéndolo con minúscula.[4] Además tiene unos versos muy explícitos en los que, más o menos, nos da a entender cómo piensa ahora:

> (Aquí
> no se salva ni dios. Lo asesinaron.) (PPP 42)

En adelante rara vez se refiere a Dios como no sea en forma displicente o sarcástica, o como expresión solamente:

> ¡Qué tristeza que no haya
> un dios tan excelente como dicen! (ENEUL 145)

> ...¡gran dios, y qué frenazos! (QTE 12)

> A la vida no hay dios que la agarre por el cuello. (ER 276)

Observamos pues que, aunque siempre presente en la poesía oteriana, la palabra "Dios" no tiene el mismo significado por toda ella, y que cuando quería corresponder a un cierto enlace del espíritu, era más bien la necesidad del poeta hacia una esfera fuera de lo corriente y vulgar, una idealización del amor, la vida, el pensamiento, un goce exquisito, y no tanto un simple deseo religioso. Era' lo que anhelaba un nirvana artístico tanto como espiritual. Así cuando su verso se hace más telúrico, cuando su interés cambia para adentrarse en los problemas humanos, su necesidad de Dios desaparece, o por lo menos mengua, y oportunamente, deja de pensar en Él como un Ser Supremo.

La muerte

El tema de la muerte en la poesía oteriana, difícilmente puede separarse del de la soledad o la relación con Dios, la eternidad, la nada y la paz espiritual, pero tiene también de por sí algunos matices que conviene seleccionar e investigar por separado.

---

[4] Recordemos cómo en el tema de España, el empleo de sustantivos escritos con minúscula tiene un sentido ofensivo o frívolo, sin importancia.

Recordando estas asociaciones tenemos la necesidad del hombre de una fe que le salve del horror de sentirse pasajero en esta vida y sin proyectos definidos para una otra, de ahí su anhelo de conocer y experimentar una divinidad que le prometa esta seguridad. Pero también en las primeras obras de Otero existen indicios de querer morir para entregarse a Dios en un estado de perfección espiritual. En los siguientes versos, profundamente influidos por San Juan de la Cruz, es precisamente de esto de lo que se trata:

> ...yo quisiera
> dormirme entre los brazos del Esposo,
> muriendo de manera
> tan alta, y silencioso,
> que abriérame este pecho que reboso. (CE 30)

> De estrella a estrella, de éter a no nada,
> el alma sube, aspira, muere, en pos de aquello
> donde quedar gustosa y traspasada. (CE 44)

No son los citados nuestros únicos ejemplos, sino que aún más tarde, cuando publica AN encontraremos todavía unos poemas con esta misma dirección:

> ...Oh Dios, si aun no estoy muerto,
> mátame con tu luz: ¡te quiero ver,
> necesito dormir —morir— despierto! (44)

> Ábreme. Ábreme, que vengo herido
> y moriría, oh Dios, si por la herida
> no saliese, hecha voz, mi ansia de verte. (46)

Reconocemos, sin embargo, que incluso a partir de este libro, donde sabemos que se encuentran poemas no publicados en AFH y RC, su poesía ya ha experimentado una gran diversificación y, como comentamos en otras ocasiones, la introspección oteriana donde buscaba una relación espiritual en preferencia a lo telúrico, ha ido disminuyendo y su interés concerniente al tema de la muerte, de ahora en adelante, se concentrará primordialmente en lo que ésta puede significar para el hombre y su existencia vitalicia, y no tanto como un paso a otra vida considerada superior, en donde se experimente una total integración del hombre con su Creador.

Vemos en los versos que transcribimos a continuación, que ya la idea de la muerte como un renacimiento a una nueva vida, ni le seduce, ni la espera: "Por fin, finge la muerte un alba hermosa. / Yo sé. Silencio. Sopla. Se termina" (RC 134).

Probablemente lo que más consume al poeta y le causa mayor dolor y frustración, es sentirse absolutamente indefenso ante la perspectiva inescrutable de una muerte segura. Se encuentra lleno de vitalidad y energía pero sabiendo que cada instante que pasa le hunde más y más en las arenas movedizas de una fatalidad irremisible:

> Dobla el silencio a muerto vivo, airado,
> furioso de ser muerto prematuro,
> en pie en lo negro apuñalado, puro
> cadáver interior apuntalado. (RC 103)

Abundan los versos con este mismo sentido, que acompañará toda la trayectoria creadora oteriana:

...halando hacia la muerte a remo y vela... (RC 108)

...humanamente esclavos de la muerte. (RC 111)

...cada vez más despacio nos movemos
en el terreno de la muerte... (AN 77)

...Estoy tramando
el hilo de la vida al de la muerte. (AN 80)

¿Dónde está Blas de Otero? Está muerto, con los ojos abiertos.
(ER 294)

Por eso dijimos en otro lugar que en un tiempo su descontento, es más su furia, iba dirigida a la Divinidad, que él considera culpable de su martirio, y dentro de este núcleo, contra la religión que nos esclaviza con sus manifestaciones engañosas:

> Entonces ¿para qué vivir, oh hijos
> de madre; a qué vidrieras, crucifijos
> y todo lo demás? Basta la muerte. (RC 106)

Comprendemos fácilmente el resultado de esta inmensa tortura cuando vemos cómo continuamente se rebela el poeta contra la gran

injusticia que, en abstracto, puede significar la vida, sabiendo que su
vivencia, cada momento vivido, es un ultimátum de la muerte:

> ...aquella fiesta brava
> del vivir y el morir. Lo demás sobra. (RC 154)
>
> ...mi voz apedreando las puertas de la muerte... (PPP 79)
>
> El niño ríe, mueve el cuello, llora
> y grito para qué naciste. (ER 295)

Como consecuencia de toda su indagación, rebeldía y desengaño, el poeta experimenta un gran pavor que le espanta y corroe íntimamente:

> Estoy temblando, tengo frío. Oh Dios,
> si supieses qué frío y cuánto miedo
> tiene el hijo del hombre. Estoy temblando
> como tiemblan los vivos: junto al fuego
>
> del árbol de la muerte. (AN 76)

Otra de las grandes preocupaciones oterianas respecto a la devastación que supone la muerte, consiste en observar en qué forma su cuerpo se va deteriorando día tras día. No puede concebir cómo un magisterio tal que es la creación y continuación vital del ser humano y sus manifestaciones, con su intrincado funcionamiento dotado de tan maravillosa estructura, la perfecta maquinaria que supone ser hombre, tenga que sucumbir a un golpe mortal que le despoje en un segundo de todo lo que fueron sus nobles facultades orgánicas:

> Nací para narrar con estos labios
> que barrerá la muerte un día de éstos,
> espléndidas caídas en picado
> del bello avión aquel de carne y hueso. (PPP 37)

Así escribe una "Epítasis" como si se tratara de su epitafio:

> Sé que, encerado de la muerte, tiza
> azul será la sangre que hoy adoro,
> suaves estalactitas tacto y lloro
> y horror los ojos, y la *pose,* postiza.

> He aquí que me muero a manos llenas.
> He aquí que me voy, de cuerpo entero.
> ¡Tanto antibar, y un estirón apenas...!
>
> A duras penas voy viviendo. Pero
> algo de luz y un resto de azucenas
> dirán: Esto que veis, fue Blas de Otero.
>
> (AN 49)

Estableciendo que la preocupación por el tema de la muerte es tan antigua como lo es la poesía misma, no pretendemos aquí que la forma de tratarlo nuestro autor encierre de por sí ninguna nueva visión, nos importan dos cosas nada más: una, que es una constante en sus obras, como lo venimos probando, por lo tanto demuestra su gran preocupación con el tema; la otra, que la originalidad consiste en la manera de enfocarlo donde los elementos de desgarro, miedo, desazón, indagación, enojo violento, blasfemia, se entrelazan, se unen y hasta acaban complementándose. Consiste este tratamiento en un monólogo y un diálogo. Monólogo que llega a una prosopopeya monstruosa de la muerte, no a la manera de *La dama del Alba* de Casona, donde aparece en la forma de una mujer atractiva y fascinante, sino en una abstracción concretizada en un engendro de múltiples facetas siempre al acecho del hombre para devorarle.

También en forma copulativa, ocurre un diálogo que sostiene el poeta con Dios, acusándole de ser cómplice voluntario de la muerte, atraído por la perspectiva de eliminar al hombre en la tierra y así condenarle a ser pasto divino. Pensando en esta finalidad destructiva de la humanidad, la vida del poeta y su obra adquieren un tono temporal que limita el deseo del autor de completar un destino que se ha dictado a sí mismo y cuyo cumplimiento comprende le es imposible efectuar, dada la transitoriedad de su existencia, hundiéndole en, quizás, el único pesimismo verdadero que hemos observado en todo lo que escribe.

El marxismo-La libertad

Movido por el gran deseo que siente el poeta hacia una reforma social, se deja influir por lo que él supone será la esperanza del pueblo y su justicia en el futuro: el marxismo, y vemos esta influencia como un pretexto y motivo de un ideal que el hombre necesita, el cual estará simbolizado por la hoz y el martillo, pertenecientes a las herramientas de ese pueblo hollado, que tanto ama, el del campesino y el proletario. Este sentido que da al verso suyo en varias ocasiones, no proviene únicamente, ni de su primera poesía, ni de la última, sino que lo encontramos desde EC hasta ER, incluyendo en el libro AN, que, se sabe, es un conjunto de AFH y RC,[5] con unos poemas adicionales. Así pues, quiere decir que el influjo marxista no ha sido un cambio radical por el que ha pasado el poeta, ni se trata de una cierta etapa suya, sino que se encuentra disperso por toda su obra con mayor o menor énfasis, eso sí, pero no obstante repartido a la deriva.

No caigamos, sin embargo, en el error de pensar que es su poesía de tendencias políticas o propagandistas al servicio de un partido, lo que hace Otero es indicarnos por qué derroteros marcha su pensamiento, cuáles son sus asociaciones e intereses comunes al pueblo y las adhesiones que experimenta de acuerdo con su propia intención justiciera. No nos incumbe aquí el intento de aclarar si está consciente o no de los fallos que puedan existir en toda idea política, lo que nos importa es que demuestra interés en las convicciones marxistas, y que no es la política en sí lo que le preocupa tanto como las reformas sociales que abogan a favor del hombre y su libertad, tomando como ejemplo el ideal marxista como promotor de estas reformas.

En el capítulo dedicado a las imágenes, metáforas y símbolos, hablaremos sobre el significado del color rojo y su relación con la temática en cuestión. Lo que aquí nos importa es dejar esbozada en términos generales, la existencia de una intención, de una preocupación marxista simbólicamente representada por la esperanza en un amanecer donde el pueblo se vea libre de la explotación económica a que ha sido sometido durante tantos años, causada por el egoísmo de una sociedad que vive voluntariamente inconsciente del sufrimiento de las masas obreras:

> Cierra
> los labios.
> Como cierras el puño, abriendo el aire.[6]
>
> Roja bandera herida por el alba. (EC 164 y 165)

---

[5] Véase la bibliografía del autor al final de este estudio crítico, pág. 203.
[6] Más tarde también demostraremos cómo, en la mayoría de los casos, el aire representa la libertad en la poesía oteriana.

Otro indicio que nos recuerda la inquietud oteriana en cuestión, es la frecuente mención de la palabra "camarada", que como es sabido, es una forma muy común de apelativo en el tratamiento comunista.

Incluso advertimos indicios marxistas en la obsesión existente entre el poeta, su compromiso humano y su obra, y las ventajas que ésta pueda aportar a los hombres, que, tristemente, considera nulas:

> la poesía
> (es divina, repican las campanas)
> es un lujo, replican los martillos. (QTE 57)

Aunque hemos distinguido la importancia de este tema en su relación con los de mayor incumbencia, no podemos menos de notar que tiene un papel señalado e insoslayable, sobre todo en lo que se refiere al empeño de Otero en efectuar un justo cambio a favor de los derechos del pueblo.

Indirectamente relacionado con lo que venimos discutiendo, pero sobre todo en constante contacto con la pesadumbre que siente el poeta por España, el hombre español y su gobierno, está el deseo que tiene de una existencia dentro de un ambiente de libertad que considera es indispensable para mantener la dignidad humana:

> Espacio
> libertad entre líneas
> o entre rejas... (EC 172)

El hombre es por naturaleza libre. Aunque le encarcelen, traten de denigrarle o le quiten todas sus prerrogativas, nadie le puede despojar de lo que es inherente a su persona. Estemos dentro de una cárcel confinados, maniatados si se quiere, lo que nos hace seres humanos, esa íntima relación personal compuesta o falta de atributos espirituales, según sea el caso, y que sólo nosotros podemos gobernar, lo que constituye la esencia de ser hombre de espíritu independiente, esto nadie nos lo puede confiscar, porque es un estado personalísimo y sólo nos pertenece a nosotros mismos. El poeta reconoce estos principios ingénitos a su persona y desearía poder compartirlos con su prójimo, pero comprende que su ideología es difícil de aceptar cuando existen leyes que se burlan y nos despojan, incluso de los meros derechos civiles:

> He aquí
> las cosas
> que tenemos a mano:
> la mesa
> de pino, el plato
> de sopa (pongo
> por caso),
> así es la vida, el tenedor
> al lado,
> donde
> está el trapo
> la libertad tirada por el suelo... (EC 174)

Incluye aquí lo cotidiano, "la mesa, el plato", como ejemplo de lo que comúnmente nos pertenece para acto seguido mostrarnos lo que también debía ser nuestro, "la libertad", pero que constitucionalmente hablando, ha sido atropellada.

Este último verso, o uno casi igual, se encuentra en ENEUL (30), "La libertad por el suelo. / Tú la levantas, la apoyas / en el hombro del obrero", con la diferencia de que aquí hay una nota optimista en donde el poeta coloca su esperanza regeneradora en manos del pueblo.

En unos versos anteriores, contenidos en el mismo poema, nos recuerda el autor cómo el trágico escritor Miguel Hernández ya había intentado esta lucha a favor de su gente: "La libertad del que forja / un pueblo libre: Miguel / Hernández cavó la aurora".

Contra este ideal libertador existe el empeño de silenciar la palabra escrita u oral, o someterla a estrecheces que nos ahogan. Naturalmente ello es motivo de intensa rebelión oteriana, y no sólo una, sino varias veces, nos muestra su descontento, aún más, su encono, contra lo que él considera una de las mayores usurpaciones de nuestros privilegios como seres humanos:

> ¿Hablar en castellano? Se prohibe.
>
> Silencio.
> Y más silencio. Y voluntad de vida
> a contra dictadura y contra tiempo.
>   (ENEUL 60)

> Escribo cuanto quiero
> y cuanto puedo.
> Publico, qué caray, lo que me dejan.
>   (EC 159)

...y no he de callar por más que con el dedo
me persiguen la frente, y los labios, y el verso.
(EC 161)

Hablar:
palabra viva y de repente
libre. (EC 167)

Porque escribir es viento fugitivo,
y publicar, columna arrinconada.
(RC 153)

No obstante el hecho de que hay en la temática relacionada con la libertad, una cierta amargura y desconfianza de que se consiga la liberación personal y efectiva que el autor cree es sinónimo del deseo del hombre de realizarse plenamente, ocurre que aun cuando se manifiesta hondamente desilusionado, siempre surge el optimismo que le caracteriza, incluso en sus peores momentos de desesperación, y como acostumbra, una vez más pone su esperanza en el poder del hombre de soliviantarse y buscar un amanecer reformador y dichoso:

Libertad en el aire
y en la tierra,
que el hombre
puje
como el árbol, realice,
como el río, su camino,
libertad, húmano tesoro,
primera y última
conquista de la luz, día y diadema
del mundo. (QTE 143)

...dijiste estás cansado sufres

con tu españa a cuestas caes
te levantas
cansado y nunca desesperas...
(ENEUL 96)

Encabeza el primer poema con unas palabras de Joaquín Costa muy descriptivas de la forma de pensar que identificamos con nuestro autor:

> No basta hablar de libertad... hay que afianzarla dándole cuerpo y raíz en el cerebro y en el estómago: en el cerebro mejorando y universalizando la instrucción; en el estómago, promoviendo una transformación honda de la agricultura.
>
> (QTE 143)

Es decir, que no debemos detenernos ante el supuesto ideal libertador con sólo alabarlo y vivir suspirando por verlo realizado, sino que todos juntos debemos trabajar para imponerlo en el mundo y, únicamente de este modo, lograremos colocarnos en una esfera relativa a la necesidad de la dignidad humana.

Capítulo III

METÁFORAS-SÍMBOLOS-IMÁGENES

La temática en la poesía de Otero está altamente representada por metáforas, imágenes o símbolos, todos ellos en íntima armonía con los temas que simbolizan, pero teniendo en cuenta que una misma imagen puede implicar una gran diversidad de elementos; así "la luz", que en un principio se refiere a una intuición divina, pasa a ser símbolo de felicidad, esperanza o el vivo resplandor de una España bañada por un sol rejuvenecedor. Otro ejemplo es el del "río" como sinónimo de vida, pero también fuente de gracia sobrenatural, e incluso el cuerpo de la mujer, de por sí con su propia correlación engendradora.

Hemos tenido ocasión de ver varias imágenes oterianas que se encontraban dentro de los versos hasta ahora citados, y que el lector reconocerá cuando sea necesaria la repetición de algunos, pero que no analizamos detenidamente entonces, porque interesaba más a nuestro estudio llevar a cabo su análisis por separado, para dar más énfasis a su valor innato, en donde figuraran sus propios elementos expresivos y simbólicos.

Quizás las metáforas capitales y de mayor fuerza expresiva en la poesía oteriana, sean las del mar y el aire, éste con sus derivados: viento y brisa. Pero existen otras que a pesar de tener menos importancia, no se las puede considerar subalternas, siendo las primordiales: el árbol, el río, ciertos colores, la sangre, la luz, la sombra, el sol, y en menor grado: los brazos, los hombros, ojos, boca, uñas, manos. No pensamos discutir todas las imágenes seleccionadas por Otero para su poesía, sino que nos limitaremos a las que consideramos son de mayor interés expresivo y crítico.

El mar

Ocurre con frecuencia, cuando se trata de representar distintas ideas, sentimientos y pensamientos abstractos bajo una forma precisa, que ésta puede tener un sentido multilateral, y una misma idea abstracta puede a su vez concretarse en distintos símbolos, como sucede con la gracia espiritual que se simboliza en forma de agua, aire, aliento, pluma, etc.

El agua, como sustancia primordial del mar, tiene un papel relativamente importante. La preocupación oteriana con este líquido viene desde muy temprano, pensando simbólicamente en ella como el origen de la creación: "El agua es lo primero de las cosas. / Es aún antes que el fuego, pues lo mata" (AL "El agua"). Le sugiere también un depósito de gracia divina, o reflejo de ella, de acuerdo con las palabras del Génesis: "El espíritu de Dios flotaba sobre las aguas", que encabezan el poema arriba citado. Pero también ocurre que esta misma agua puede tener otras funciones, cuando se halla reunida bajo una fuerza o modo especiales, tales como los océanos, mares y ríos:

> Pero el agua es también fuerza y misterio.
> Martillo del dolor sobre la fragua
> de la primera mar incandescente.
>
> Golpe de litoral contra la frente;
> mano azul abarcando el hemisferio
> de la vida, tendida sobre el agua.
> (AL "El agua")

El interés oteriano en esta forma figurativa principalmente como "mar", comienza a sentirse ya desde sus primeras incursiones en vuelos poéticos y, sobre todo, en la simbolización de la eternidad, aunque en menor grado puede también representar muchas otras cosas: el cuerpo de la mujer, el acto sexual, el firmamento, todo lo que figura como inmensidad y proporciones inmesurables, la libertad, la esperanza y la camaradería de los hombres, y hasta se usa como metáfora de la vida y su antítesis, la muerte.

Conviene comenzar analizando la palabra en su significado simbólico más corriente y de mayor repercusión, la eternidad. Notemos no obstante que en esta acepción también cabe el elemento de "la nada", pues a menudo Otero confunde estos dos temas dándoles la misma connotación. Vemos una mezcla del, ya varias veces mencionado, deseo que tiene el hombre de eternizarse, unido al miedo angustioso de que lo eterno no suponga una experiencia real, sino por el contrario, el exterminio humano, la nada:

> Poderoso silencio, poderoso
> silencio! Sube al mar hasta ya ahogarnos
> en su terrible estruendo silencioso. (AFH 76)

> Mira, Señor, que tanto llanto, arriba,
> en pleamar, oleando a la deriva,
> amenaza cubrirnos con la Nada.

> ¡Ponnos, Señor, encima de la muerte! (AFH 84)

Es imposible para la mente humana comprender la eternidad, lo que nos sume en una congoja agonizante, luchando entre desearla para poder continuar siendo, o repudiándola como un monstruo que nos ahoga precisamente en su permanencia lata.

El hombre camino de la muerte, lucha contra el destino. Como una embarcación en la mar eterna, sin conocer la ruta, pero irremisiblemente condenado. Nos imaginamos los barquinazos sufridos contra la tempestad que le devora:

> A remo y vela voy, tan ladeado
> que Dios se anubla cuanto el mar se atreve;
> orzado el car, le dejo que me lleve....
> Oh llambrias: recibid a un descarriado.

> Oh témpano mortal, río que vuela,
> mástil, bauprés, arboladura mía
> halando hacia la muerte a remo y vela.
>   (RC 107 y 108)[1]

Otras veces sentimos el efecto apocalíptico del ser humano a la deriva en el universo:

> Si caídos al mar, nos agarrasen
> de los pies y estirasen, tercas, de ellos
> unas manos no humanas, como aquellos
> pulpos viscosos que a la piel se asen... (RC 109)

---

[1] "Río" tomado aquí en su sentido de "vida".

El poeta se siente herido de muerte, sin saber cuándo irá a morir. Es una mezcla de deseo y temor hacia este conocimiento, siente un frío que hiela su alma que le consume las entrañas, experimentando una sensación de asfixia donde, rodeado de mar, será amasado por el "látigo verde" que le trae y le lleva como si fuera un náufrago perdido por las profundidades desconocidas:

> Siento frío, y no sé qué ponerme por dentro
> de la muerte, qué trozo de tierra es el mío,
> qué noche es la noche de echarme a morir,
> qué látigo verde me heñirá bajo el mar. (RC 124)

Continuando su investigación de ultratumba, interroga al músico Beethoven: "...Dime / qué escuchas, qué chascado mar / roe la ruina de tu oído sordo" (PPP 32). Estas palabras visualizan una gran concha marina.

En relación con esta misma acepción, pero con la variante de encima necesitar una cierta garantía de vida eterna, recordamos los versos mencionados cuando discutimos el tema del compañerismo humano, en que el poeta trata de incitar al hombre a mirar hacia el futuro con optimismo: "Nada es tan necesario al hombre como un trozo de mar / y un margen de esperanza más allá de la muerte" (RC 121).

Las siguientes líneas son de una magnífica fuerza descriptiva cuando tenemos en cuenta otro significado metafórico de la potencia marítima como forma o fuente de vida, simbolizando la acción de dos mares representando a seres humanos en su acción procreadora:

> Rompe el mar
> en el mar, como un himen inmenso,
> mecen los árboles el silencio verde,
> las estrellas crepitan, yo las oigo.
>
> ...El mar —la mar—, como un himen inmenso,
> los árboles moviendo el verde aire,
> la nieve en llamas de la luz en vilo...
>
> (AFH 11 y 12)

Notemos cómo Otero en los dos últimos versos se refiere al mar en forma masculina y femenina, dando otro indicio obvio a nuestra interpretación. El "verde aire", viva esperanza, en "llamas de la luz en vilo", "luz", sinónimo de vida, recordemos la expresión tan castellana "dar a luz", luchando con la muerte. En los primeros versos "las estrellas crepitan" puede fácilmente significar el éxtasis amoroso.

A veces el poeta identifica el cuerpo femenino como si se tratara de un mar: "Cuerpo de la mujer, río de oro", "oh aire, oh mar desnudo",[2] "El mar mueve las manos como tú cuando haces el amor. / El mar amanece de espaldas como tú sobre mi pecho" (QTE 111).

El amor, la eternidad y Dios se confunden en la poesía formando una trinidad enigmática y deseada:

> Mares, alas, intensas luces libres,
> sonarán en mi alma cuando vibras,
> ciega de amor, tañida entre mis brazos.
>
> Y yo sabré la música ardorosa
> de unas alas de Dios, de una luz rosa,
> de un mar total con olas como abrazos.
>   (AFH 20)

Otras veces la imagen representa "el mar de la música", el firmamento, "luminosos mares / de fuego", la vida, "salgo del alma y entro en el mar", un resurgimiento, "un golpe / de mar / levanta el nuevo día".

Para mejor advertir la enorme riqueza metafórica del mar, convendría que analizáramos los siguientes versos (sólo nos ocupamos de los que nos conciernen ahora, no del poema entero) reunidos todos ellos bajo el título, de por sí muy significativo: "Voz del mar, voz del libro" (QTE 57 y 58). Creemos que el autor está imitando la famosa frase latina, "vox populi, vox Dei"[3] con su propio significado conceptual, "el mar" que quiere representar al pueblo a veces, otras, lo que escribe el poeta, su tercer significado, la vida, y por último, de nuevo la eternidad:

> Si me pongo a escribir, en qué termina
> una mano que empieza en uno mismo,
> cómo se llama hablar desde una silla
> a un muro muy lejano o al vacío.

---

[2] Las primeras líneas de este poema fueron citadas en otro lugar, en donde el sujeto era el cuerpo de una mujer (AFH 21).

[3] En otro poema dirá: "Voz del pueblo, voz del cielo" (QTE 82).

> Le llamaremos pluma a la deriva,
> mar que bastante tiene con su ritmo
> de trabajo manual...

Ahora pasa a significar "el libro / abierto" de la vida donde "las olas" son la gente:

> Si me pongo a pensar, salta a la vista
> que el mar es como un libro
> abierto por la inmensa mayoría
> de las olas: yo leo en él, y escribo.
>
> Yo le ayudo (mi ayuda siempre es mínima:
> por eso insisto tanto y me repito)
> a levantar las olas entre las líneas
> que el mar alzó desde su mudo abismo.

Los seres humanos nacen de una eternidad "mudo abismo" para sucumbir en otra. También se demuestra el empeño oteriano por ayudar al pueblo contagiándole su característico optimismo, "levantar las olas".

> Si me pongo a gritar, es que el mar grita
> desde hace siglos algo tan sencillo
> como '¡Me pesan mucho los navíos!
> ¿Quién me ayuda a quitármelos de encima?'
>
> Voz del mar, voz del libro.
> Así se termina
> una mano que empieza en uno mismo,
> un silencio que el mar impone y dicta.

El mar en estos últimos versos puede ser imagen del conjunto de lo que venimos diciendo, la vida en abstracto, a la que, metafóricamente, los hombres "navíos" le suponen una enorme carga. Por el contrario puede querer decir la humanidad oprimida a quien le pesa mucho su existencia, y por último, vuelta a la eternidad incomprensible "un silencio que el mar impone y dicta". Pero también tenemos que el último verso ofrece ser interpretado de nuevo como la humanidad o la vida, que por circunstancias particulares nos obliga a callarnos.

Esta misma idea de mar como vida, pero en forma más concreta, se encuentra en "Españahogándose" (QTE 30):

Cuando pienso
en el mar es decir
la vida que uno ha envuelto desenvuelto
como
   olas
      sonoras...

El siguiente poema sin puntuación, es de una extraordinaria importancia simbólica para demostrar las distintas facetas imaginativas de la brillantez oteriana. Ahora el mar resulta haberse convertido en cómplice y símbolo de la humanidad obrera, sobre todo aquélla apegada al suelo, "amarrad(a) a la tierra", probando el valor y la sinceridad de la sabiduría innata a la naturaleza. Sus aguas guardan el secreto de los siglos, que es el suyo propio, no el que "creyeron los hombres que..." le "fue confiado". Es un cuerpo acuático rebelde, "pataleando contra las costas". Su ciencia consiste principalmente en no dejarse engañar por "las maravillosas palabras / de los poetas", ni "las mentirosas ondas de los mercaderes". Sus "olas" son sinónimas de las oleadas obreras que "imponen pánico a los ricos", y es un mar sensible a la belleza de las "estrellas". Los dos versos finales recalcan su identificación con el labrador, pues a ambos les fueron robadas sus tierras:

Yo soy el mar que no sabe leer
el mar amarrado a la tierra revolviéndome
con rabia echando espuma pataleando contra las costas
torturado día y noche sin revelar nunca el secreto
que en su ignorancia creyeron los hombres que me fue confiado
Yo hablo adelantándome a las maravillosas palabras
de los poetas a las mentirosas ondas de los mercaderes
a los estereotipados teletipos mercenarios
yo estoy sordo me río de los falsos redentores yo predico
con olas
que imponen pánico a los ricos
distingo las estrellas a simple vista
ésta no ésta no ésta sí
Yo soy el mar desamarrado recuperando de tiempo a tiempo
la tierra que en el principio me arrebataran. (QTE 59)

Más tarde otros versos tendrán esa misma acepción rebelde:

...el mar protestaba violentamente contra el acantilado,
de pronto una estrella irradió tras la lejana cima.
                              (QTE 111)

Cantando la belleza de las aguas que bañan España, comenta su vistoso colorido, pero sin dejarse engañar señala al unísono de su "verso" el "duro són / del remo y de la cadena":

> El mar
> alrededor de España,
> verde
> Cantábrico,
> azul Mediterráneo,
> mar aitana de Cádiz,
> olas lindando
> con la desdicha,
> mi verso
> se queja al duro són
> del remo y de la cadena,
> mar niña
> de la Concha,
> amarga mar de Málaga,
> borrad
> los años fratricidas,
> unid
> en una sola ola
> las soledades de los españoles.
>
> (QTE 15)

Existe una intensa compenetración entre el espíritu del poeta y su mar, en cuyo fondo quiere esconder sus experiencias infantiles, "dulces álbumnes". Lucha, y sabe que pierde, para que sus "palabras... braceen incansablemente / hacia otra orilla..." en busca de ilusiones, "toldos de colores":

> ...caminar derecho hasta el umbral iluminado,
> dulces álbumnes que algún día te amargarán la vida
> si no los guardas en el fondo del mar
> donde están las llaves de las desiertas playas amarillas,
> yo recuerdo la niñez como un cadáver de niño junto a la orilla,
> ahora ya es tarde y temo que las palabras no sirvan
> para salvar el pasado por más que braceen incansablemente
> hacia otra orilla donde la brisa no derribe los toldos de colores.
>
> (QTE 45)

El afán oteriano por lo marítimo no se limita a la masa de agua salada discutida, sino que incluye muy frecuentemente en su obra términos marinos o costeros: sedal, orzada, car, ramal, proal, acantilado, llambria, sentina, mástil, bauprés, tajamar, quilla, ariete y otros. También menciona mares que ha recorrido, o conoce muy bien, como son los que bañan las costas españolas y los de la China, el Mar Amarillo, el Mar del Japón, el de Ojotsk y varios otros. Acaso convenga señalar que su interés por el vocabulario marítimo disminuye en sus últimas creaciones.

El aire

El aire es la metáfora atmosférica central, y probablemente la que más importancia representativa tiene respecto a sus derivados de viento y brisa. Como ocurre casi siempre en todas las imágenes oterianas, tiene varios significados simbólicos, desde Dios y su esencia divina, hasta la libertad, pasando por la pureza, esperanza, tristeza, soledad, pero donde más demuestra su fuerza imaginativa es en su representación como tropo de la libertad.

Conviene establecer de qué manera pasó a querer representar este símbolo, y cómo una vez establecido se hace constante y consistente. De ahí que optemos por analizar ligeramente sus otros significados para luego concentrar nuestra atención en el que opinamos recae más el interés y nos seduce por su aportación a los temas primordiales oterianos, entre los que figuran su compromiso social y la libertad humana incumbente.

En CE cuando el hombre busca su íntima relación con Dios, se imagina que la atmósfera está impregnada de la presencia divina y así el aire se convierte en una caricia de Dios: "Aquí te siento yo, aquí me llenas / con tu aire de adentro y tus campanas" (CE 14). "Un nuevo aire se abre. Y se recuesta / el alma" (CE 44). O quiere ser en su naturaleza el camino hacia la completa unión mística, "...quisiera, en un vuelo, / ...batir el aire y trasponer la altura" (CE 27). Es una delicia para el hombre que busca refugiarse en Dios, pues el aire le trae su esencia, "...el aire vagueante y deleitoso" (CE 36).

La brisa tiene, más o menos, el mismo significado en CE, "Inclina la cabeza / ... y sueña en la belleza, / la brisa, el alto cielo" (CE 23).

El viento es también otra forma de manifestación divina, "...en el viento de Dios en que he de irme" (CE 45). Pero por lo general, no viene dulcemente, impregnando todo lo que toca, no infunde felicidad ni sosiego, sino que cuando se muestra así Dios, es como si fuera su propio emisario, simultáneamente hiriéndonos y otorgándonos goces inefables:

> Mis ojos se adelgazan suspirando
> la llegada de Dios a mis andenes.
> Me adolezco de vientos precursores,
> mis ojos se adelgazan y suspiran. (CE 10)
>
> Todo el mundo, Señor, es una isla
> recién salida a flor de agua, inédita,
> si la descubres Tú, nauta del viento. (CE 16)
>
> Soñé..., y te habías ido
> como la flor al viento
> que levanta y anega en su caimiento. (CE 21)

O como un Dios, "viento vengador", que nos desea y consume:

> ...vengador de flores,
> un viento viene y giran desaladas,
> como ayer, en la tierra que era cielo,
> no son ángeles ya, sino quemadas
> carnes, trizas del alma, tramo a tramo
> ardidas, consumidas,
> como, siendo mortales,
> arde, consume Dios y quema vidas... (AFH 63 y 64)

Otras veces se esfuma despreocupándose de su creación:

> Tema del viento: se evadió de lleno.
> Tema del hombre: nada, lo olvidaron. (RC 133)

Para reafirmar la unidad temática en la obra oteriana, elegimos unos versos en que las imágenes de "aire" y "viento" se entrelazan y equivalen a un mismo significado, en donde el poeta quiere batirse contra los cielos a quienes acusa de impedirle seguir viviendo humanamente. De nuevo resultando en el tema constante oteriano de su deseo de pervivir:

> Pediría vivir...
>
>   en carne viva,
> en cal hirviente, en pie, patas arriba,
> pero vivir, seguir, aunque se hundiesen
>
> cielos y mar... Es más que en cielos, es en
> la tierra, aquí, con cal y huesos,...

¡Si es que no escuchan...! Lucho contra el viento,
tropiezo con el aire: aquí no queda
en pie, más que un airado abatimiento.

Oh torre de cristal, oh tiro raso
atravesando mi broquel de seda.

Golpe brutal de Dios contra mi vaso. (AN 51)

Nótese, no obstante, que en algunos de estos versos las imágenes de viento y aire pueden significar simultáneamente la muerte y Dios como asesino del hombre.

Los versos que siguen atraen por su marcada posibilidad de una doble interpretación ingeniosamente concebida:

> ...di
> testimonio del hombre, hoja a hoja.
> Quemé las naves
> del viento.
> Destruí
> los sueños, planté
> palabras
> vivas. (PPP 54)

Tenemos primero que, con una expresión muy castellana "quemar las naves", tomar una determinación extrema, por un lado nos indica el poeta que Dios y sus atributos, "el viento, las naves", no son ya su preocupación constante, como lo eran antaño; por otro nos informa que ha decidido abandonar el mundo espiritual poético, a favor de una poesía más terrenal, síntesis que refuerza con metáforas tales como "destruí sueños", "planté palabras vivas", y si nos detenemos por un momento a hacer una comparación entre el contenido poético en CE y lo escrito posteriormente, veremos esta decisión suya absolutamente comprobada.

Fácilmente deducimos de nuevo que Otero nos ha demostrado, por medio de imágenes muy bien concebidas y escogidas, su propósito firme y constante, y que continuamente le absorbe, de dar una nueva perspectiva a su obra, donde la preocupación productiva de ésta consiste en ser un mensaje al hombre, "di / testimonio / del hombre, hoja a hoja", y que le concierne, si no más, por lo menos tanto, como su propia belleza intelectual y lírica.

Cuando la poesía oteriana se encamina por estos derroteros, el aire también pasa a querer representar fenómenos pertenecientes al hombre plantado firmemente en la tierra, pero en ocasiones con asomos de vuelta a vuelos espirituales.

Una forma simbólica del aire que encierra un gran interés es la que se nos figura como un inmenso acaparador de recuerdos, palabras, suspiros, así nada se esfuma, todo queda recogido en la atmósfera:

> Cuando tu cuerpo es nieve
> perdida en un olvido deshelado,
> y el aire no se atreve
> a moverse por miedo a lo olvidado... (AFH 15)

> El aire viene lleno de recuerdos
> y nos duele en el alma su vaivén... (AFH 40)

Pero es sobre todo como símbolo de la libertad donde esta imagen cobra mayor fuerza e interés. La idea en sí no es original. Es frecuente pensar en el aire con este significado conceptual, de ahí la expresión castellana "aire libre", pero, como ocurre con frecuencia en la obra de Otero, cuando ésta absorbe lo común y corriente, al hacerlo suyo, recoge su propio matiz auténtico. El gran mérito consiste precisamente en dar a lo trillado un enfoque nuevo y original:

> Se ha parado el aire.
>
> En seco,
> el Ebro. El pulso.
> El Duero.
>
> Oremus. El aire lleva
> dieciséis años parado. (EC 103)
>
> Cuando
> escribo aire libre, mar abierto,
> traduzco libertad (hipocresía
> política), traduzco economía
> en castellano, en plata, en oro injerto.
>   (QTE 52)
>
> En una aldea de Asturias
> oí una voz por el aire:
> Aquel paxarillo

> que vuela, madre,
> ayer le vi preso
>
> (Se ha parado el aire.) (QTE 73)
>
> El aire es la imagen de la libertad, sin estatuas
> tramposas ni antorchas trasnochadas. (ER 286)

Copiamos el siguiente poema íntegro, pues conviene ilustrar, para dar aún mayor énfasis a nuestra teoría delineada, cómo el poeta hace uso de sus imágenes, trazando con ellas su pensamiento y sentimiento poetizados y haciéndolos vivir:

> Sin embargo,
> el aire (esta obsesión de aire alegre y libre)
> entra en el libro, abre las páginas, mueve
> el verso diecisiete, silba entre sus sílabas,
> y si supierais cómo me ahogo en la O,
> es como si España toda fuese una sola horrorosa plaza
>   de toros,
> blanca de sol
> comido poco a poco por un espantoso abanico
> negro.
>
> (Sin embargo,
> se mueve
> algo de aire, mira aquel álamo...) (EC 130)

La metáfora de España como "una horrorosa plaza de toros", nos hace pensar en Larra y los escritores de la generación del 98, tan admiradores del primero, y el disgusto y desprecio que la mayoría de ellos sentía hacia la corrida de toros, espectáculo que consideraban bárbaro y degenerado. Así representa Otero a su patria, blanca y vistosa por fuera, pero roída por dentro. Los últimos versos demuestran, como tantos otros, el optimismo del autor.

Hay otro poema entre nuestros preferidos, en donde nos revela el poeta la metáfora del triste aire de París, meciendo la paz y la esperanza pero atascado cuando quiere entrar en España,

> un aire
> gira,
>   abre
> los labios, mira
> Paris, cansada de ilusión,

> seca
> como el color de un lienzo cuarteado,
> el aire
> hace lo que puede,
> > ondea
> la calle de la paz,
> gime mordiendo el Pirineo, besando
> la esperanza. (EC 155)

El aire que respiramos es esencial a nuestra naturaleza. Así concibe Otero la libertad. Como dijimos en otra ocasión, el hombre no puede vivir sin los derechos que le corresponden, por eso encontramos que cuando el poeta se sirve de esta imagen para de este lado querer representar sus propios sentimientos, no hace más que continuar su acostumbrada visión panorámica de la vida y los atributos abstractos con los cuales quiere identificarse.

El árbol

El aspecto simbólico primordial del "árbol" es sin duda el hombre. Por eso el poema que abre la serie de AFH, "Lo eterno" encierra un sentido figurado excelente y revelador para comprender el derrotero del pensamiento oteriano, en el que concibe a la humanidad actual a la deriva, perdida, abandonada, sin raíces y sin esperanza de remediar su situación. Es a causa de este grupo de poemas contenidos en AFH y en RC, por lo que, como notamos en otro lugar, el crítico Dámaso Alonso clasificó a Blas de Otero en el antes citado y muy conocido libro *Poetas españoles contemporáneos,* como "ejemplo de poesía desarraigada" (pág. 349). No obstante, hemos ido comprobando cómo, vista en su totalidad, no puede ser considerada como tal, aunque en un principio tuviera aquel asomo de desarraigo que señaló Alonso.

Citamos a continuación los cuatro primeros versos que abren la serie en cuestión:

> Un mundo como un árbol desgajado.
> Una generación desarraigada.
> Unos hombres sin más destino que
> apuntalar las ruinas. (RC 11)

Aquí por "árbol desgajado" se entiende, no el aspecto físico de la tierra, sino más bien el conjunto humano que la puebla. De todas formas conviene hacer notar, como contraste a estos versos, que aún en lo que Otero escribió en un principio había una fuerte dosis del optimismo y vitalidad típicos del autor, que venimos apuntando de continuo, y así su poema "Ímpetu", de la misma colección, resalta en estas cualidades:

>Mas no todo ha de ser ruina y vacío.
>No todo descombro ni deshielo.
>Encima de este hombro llevo el cielo,
>y encima de este otro, un ancho río
>
>de entusiasmo. Y, en medio, el cuerpo mío,
>árbol de luz gritando desde el suelo.
>Y, entre raíz mortal, fronda de anhelo,
>mi corazón en pie, rayo sombrío. (AFH 51)

Dijimos antes que la imagen del "viento" puede representar una manifestación divina. Los versos a continuación corroboran lo dicho, más el simbolismo de árbol como hombre, y entra una nueva metáfora "río", que más tarde discutiremos en su significado de "vida", pero que ahora quiere aparentar todo lo contrario, la desintegración del hombre mediante la intervención divina. Rara vez encontramos este matiz léxico dentro de un conjunto simbólico tan explícito, de ahí su doble interés para nuestro trabajo crítico:

>Pero viene un mal viento, un golpe frío
>de las manos de Dios, y nos derriba.
>Y el hombre que era un árbol, ya es un río.
>   (AFH 82)

Otero nos quiere comunicar en su poesía el inmenso valor que para él tiene la cualidad de ser hombre. El árbol generalmente representa la nobleza "noble como el árbol", así como la sabiduría, fortaleza y vitalidad,

>...detrás había un árbol
>igual que su firmeza,
>con su sabiduría de madera y tiempo
>ya presente tañendo su hoja joven.
>   (ENEUL 168)

Extendiendo sus ramas al viento, a la par que desafía a los elementos. Con las raíces firmes en la tierra, su copa busca el cielo para idealizarse. En vista de esta explicación, fácilmente comprendemos la afición que pueda tener nuestro poeta por esta forma de representar al hombre.

Teniendo en cuenta cómo Otero se clasificó a sí mismo con las palabras de Góngora "Ángel fieramente humano" (RC 100) y cómo tiende a subjetivizarse en su poesía, los versos que siguen nos dan una clave muy interesante para comprender su compromiso humano como escritor:

> Esta página suelta, giratoria,
> aleando en el aire lentamente,
> lenta-
> mente,
> hoja de un ángel que bajó a ser olmo
> alto, alto,... (AN 105)

Por una parte tenemos lo que escribe, "página suelta", integrado a la naturaleza misma del poeta, "hoja de un ángel", con su doble interpretación como "hoja" de árbol y de papel, "aleando" en vuelos poéticos etéreos, pero que transcurrido cierto tiempo, descenderá a proyectar y comprometerse con lo que atañe esencialmente al hombre. Otero, sirviéndose magistralmente de la fragmentación de palabras que normalmente componen una sola, y separando las divisiones de línea a línea, para incluso con más fuerza producir la impresión deseada, efectúa un cambio en la sintaxis, alterando el significado corriente, "lenta-mente", o sea el pensamiento moviéndose con lentitud, sufriendo una alteración gradual, que resume perfectamente la acción ocurrente dentro de la propia esencia y pensamiento del autor.

Acontece también que de "ángel", inspirado por lo espiritual, ha descendido a ser hombre "olmo", pero el descenso no le ha rebajado, sino que por lo contrario, se siente incluso elevado en categoría y nobleza, "olmo alto, alto", orgulloso de ser hombre, y si esta explicación no convence, citamos unos versos dirigidos por el poeta a un Ser Supremo: "Si eres Dios, yo soy tan mío / como tú. Y a soberbio, yo te gano" (RC 113).

En otra ocasión incluso se refiere Otero al hombre como "hermoso dios" (PPP 25), con lo que demuestra la importancia consubstancial de ser hombre.

Por último, transcribimos los siguientes versos, para dar aún más énfasis al cambio que se produjo en Otero, convirtiendo lo que hubo en él de versificación espiritual por la terrestre, y notando que este significado temático de su poesía resalta en casi todos los aspectos en que se quiera discutir:

> Caí, caí, como un avión de guerra
> ardiendo entre sus alas renacidas.
> Helas aquí, hincadas en la tierra.
> (AN 53)

La fragmentación de palabras anteriormente discutida, ocurre en diversas ocasiones, que comentaremos en un lugar más oportuno, pero hay una que nos interesa particularmente ahora, por su relación con la antes expuesta. Se trata del mismo resorte, salvo que aquí tiene el significado opuesto:

> el río
> ordena las hojas rápida
> mente. Tiempo perdido. (EC 118)

Traducido al lenguaje común y corriente, la vida "el río" que ordena los días y mueve otra vez la "mente" con gran rapidez, sin dejar lugar al poeta para pensar y meditar, "tiempo perdido", malgastado.

En ocasiones la imagen simbólica del árbol pasa a querer significar España: "Para ti, patria, árbol arrastrado / sobre los ríos" (PPP 55), otras se refiere a la mujer como un "pequeño árbol en abril" (ENEUL 104), "alamito azul en forma de pliego de mujer mojándola!" (ENEUL 76). También puede ser "el árbol de la sangre", o "el árbol de la muerte". En una circunstancia se refiere al "árbol de Dios", denotando otra nueva forma de manifestación divina. No se limita el poeta al sustantivo "árbol", sino que alude a diversas formas arbóreas, olmo, chopo, olivo, sauce, encina y, sobre todo, su preferido, el álamo:

> Hablad
> álamos, olmos, hermoseando el día,
> de nuevo verdead. (EC 139)

> Álamos del amor. (ENEUL 133)

> ...pobre pueblo sin tierra,
> rama de álamo al aire... (QTE 87)

> ...álamos verdes,
> orillados de oro. (QTE 104)

> ...asciendo por los álamos
> esbeltos... (QTE 116)

Río

Como en la poesía de Jorge Manrique, en la de Otero, la mayoría de las veces, la imagen del río significa la vida y sus atributos. Recordamos un poema oteriano con marcada influencia de Manrique, que incluso comienza con el mismo verso famoso de las "Coplas",

> Recuerde el alma dormida
> el río que con paso casi humano,
> enfurecido de aridarse en vano,
> desembocó en la vida. (EC 107)

El significado simbólico de esta palabra es, probablemente, el más consistente en las metáforas oterianas. Parece traducirse del mismo modo al comienzo de su obra poética como en la más reciente, y, salvo en raras excepciones, resulta muy explícito:

> Lo mejor será que me someta a la tempestad,
> todo tiene su término, mañana
> por la mañana hará sol
> y podré salir al campo. Mientras el río pasa.
> (PPP 53)

> Oh témpano mortal, río que vuela... (RC 108)

o el verso anteriormente citado, "ese río del tiempo hacia la muerte" (AFH 12).

Lo simbólico del río como vida humana, en ocasiones se entrelaza con Dios y su esencia: "Río abajo de Dios ruedan los hombres" (ENEUL 109).

> Basta. Termina, oh Dios, de malmatarnos.
> O si no, déjanos precipitarnos
> sobre Ti - ronco río que revierte. (RC 106)

Es curioso notar con qué frecuencia Otero ve a la humanidad en su constante relación con un Ser Supremo, dependiente de Él, sin personalidad propia y subyugada a la voluntad divina, que la somete a su capricho, ahogándola en su soberanía. En su primera obra parece querer expresar el autor una constante lucha por conocer y experimentar esta fuerza, a la par que deshacerse de su potente yugo, luego tiende a disminuir en importancia este significado.

Proyectando de nuevo el concepto oteriano de esta vida como trayecto final de la muerte, nos compara el poeta la vitalidad de las aguas del río, en contraste con su propia existencia, minada por la congoja que representa para él saberse mortal:

> Oh, montones de frío acumulado
> dentro del corazón, cargas de nieve
> en vez de río, sangre que se mueve,
> me llevan a la muerte ya enterrado.
>
> Oh témpano mortal, río que vuela,
> mástil, bauprés, arboladura mía.
> (RC 107 y 108)

Hay un poema incluido en la serie de EC que sobresale por su originalidad, donde el poeta se vale de una sintaxis abundante en léxico común y corriente y cuyo protagonista es un pato. El poema excita curiosidad pues Otero rara vez hace uso del mundo animal como centro o protagonista de su poesía. Aquí compara la vida del ave con lo que él desearía fuera la suya, libre de complejidades, sus consecuencias y preocupaciones. Termina el poema con unos versos de perfecta dualidad simbólica:

> Mira, como aquél
> que va por el río
> tocando la bocina... (EC 144)

Resaltan dos cosas, la acción propia del pato sencillamente nadando en el agua, que al mismo tiempo infiere su paso tranquilo por la vida, y luego la excelente y prosaica imagen del ave graznando.

Otras acepciones simbólicas del río con valor imaginativo son: "Río de lana, nave de mi mano" (ENEUL 88), refiriéndose al cabello de una mujer, "broncos ríos" (AN 144), las vidas de los rudos hombres españoles, y los versos:

> Existe el mar, las olas me lo dicen
> haciéndome creer que las olvido.
> No las olvido. No, no tengo tiempo
> sino para dragar primero el río... (QTE 41)

con su interesante interpretación en donde el poeta nos expone su fe y deseo de conocer una eternidad, "el mar", cuyo simbolismo ya se discutió, pero que comprende la importancia y necesidad de primero ahondar y expurgar la naturaleza y existencia humanas.

Conviene apuntar que, además de exhibir la imagen del río en su valor simbólico de vida, Otero demuestra marcado interés por varios ríos de España, prescindiendo de simbolismo vital, y sólo en contadas ocasiones, otorgándoles sentido conceptual. Entre los ríos que menciona, es sin duda el Duero su preferido:

> Entre los leves álamos
> pasa, sereno, el Duero. (QTE 93)

> ...el puente se dibuja
> tersamente, y se oye
> gemir el Duero. (QTE 91)

> Soria
> ondulada hacia el río
> Duero. (QTE 101)

Quizás el interés oteriano por este río en particular, irradie de su admiración hacia Antonio Machado y su castellanidad, quien con frecuencia menciona el río Duero en su poesía, pues también el vasco Otero siente gran afición por Castilla: "Me siento castellano de la tierra / de mi alma" (PB 221), "...siento en piedra y aire mi / castellanidad" (EC 105).

No podemos menos de recordar el cariño que otros grandes españoles han profesado por tierras castellanas, sobre todo algunos miembros de la Generación del 98, y en particular Unamuno y Machado, con quienes nuestro poeta parece tener bastante afinidad, a pesar de que sabemos que lo niega explícitamente respecto al primero. [4]

Sombra-Luz

La imagen de la sombra tiene tres aspectos primordiales dentro de la temática oteriana, que están muy bien definidos en su repre-

---

[4] En nuestra correspondencia con Blas de Otero, le indicamos que la crítica general encuentra cierta influencia unamuniana en su obra, y le preguntamos si estaba de acuerdo con esta opinión. Nos contestó que lo consideraba un "absurdo".

sentación. No encierra complejidades difíciles de descifrar, sino que su sentido es siempre exacto. Quiere expresar primero su significado nato, en cuanto dibuja el perfil de un objeto interpuesto entre el foco de luz y él:

> Nos sentimos
> solos, y nuestra sombra en la pared
> no es nuestra, es una sombra que no sabe,
> que no puede acordarse de quién es. (AFH 39)

Aunque de por sí la interpretación es obvia, Otero ha dado a estos versos su propio matiz angustiado, recalcando la soledad del hombre y su interrogación ante el misterio del mundo y su existencia personal, así dando a un concepto trivial un aspecto importante. Interesa recalcar que es éste uno de los mayores aciertos oterianos, en cuanto tiende a convertir lo ordinario en algo de especial valor.

En su segundo significado, la sombra se convierte en la muerte y el misterio que la rodea. Ya sea como un golpe que corta el hilo de la vida o el conflicto intelectual que se origina ante la incomprensión del más allá. Recordemos que de por sí el tema está íntimamente relacionado con Dios, la eternidad y la nada:

> Desesperadamente busco y busco
> un algo, qué sé yo qué, misterioso.
>
> Desesperadamente, despertando
> sombras que yacen, muertos que conozco...
> (AFH 37)

> Humanamente hablando, es lo que digo,
> no hay forma de morir que no se hiele.
> La sombra es brava y vivo es el cuchillo.
> Qué hacer, hombre de Dios, sino caerte.
> (RC 112)

Sabemos que Otero tiende a colocar al ser humano en constante dependencia divina, y así le considera como una "sombra dúctil" (Albor) de su Creador:

> Vivir. Saber que soy piedra encendida,
> tierra de Dios, sombra fatal ardida,
> cantil, con un abismo y otro en medio...
> (RC 120)

Querría convencerse de lo contrario, de que la existencia humana tiene un carácter permanente y sensible, pero reconoce las dificultades lógicas y racionales que se presentan para combatir esta teoría, asimismo comprendiendo que ningún argumento en contra logrará convencerle tampoco. Como se ve, el poeta vive en constante interrogación y zozobra relativa a los misterios metafísicos que tanto le absorben.

Si hemos de morir, ¿por qué nacer? Una y otra vez se pregunta cuál es el sentido de una vida que no es más que un camino volcado hacia la muerte:

> Dicen que estamos en el antedía,
> yo diría; no sé ni dónde estamos.
> Ramos de sombra por los pies, y ramos
> de sombra en el balcón de la agonía.
>
> Yo ya ni sé, con sombra hasta los codos,
> por qué nacemos, para qué vivimos. (PPP 35)

Finalmente, el efecto simbólico de la sombra refleja el estado de España sumida en un ambiente de ignorancia, tradición y censura:

> Por tierras de Aragón,
> oigo sonar las viejas hojas secas
> del árbol de unos libros
> abierto entre las sombras que aun perduran.
> (QTE 144)

> Cuando pronuncio sombra, velaría
> las letras de mi patria como a un muerto...
> (QTE 52)

> Estático. ¿Los siglos? Sombras vanas.
> (ER 285)

y de forma análoga se dirige al poeta turco,

> ...pero habla, escribe tú, Nazim Hikmet,
> cuenta por ahí lo que te he dicho, háblanos
> del viento del Este y la verdad del día,
> aquí entre sombras te suplico, escúchanos.
> (EC 151)

Refiriéndose a su patria,

> mi vida o muerte en ti fue derramada
> al fin de que tus días
> por venir rasguen la sombra que abatió tu rostro.
> (ENEUL 62)

Hay otras posibles interpretaciones individuales o combinadas, relacionadas con la imagen que venimos analizando, pero ocurren en casos particulares, y no tienen ni carácter propio, ni perenne, así que no creemos nos incumbe lo suficiente el discutirlas en nuestro estudio.

Contrastando con los matices tristes y pesimistas que rodean la imagen de la sombra, tenemos su antítesis, la luz. Originalmente ésta se refería específicamente a Dios y sus atributos, clave comúnmente usada para simbolizar lo que de alguna manera haga referencia a la Divinidad:

> Salve al hombre, Señor,...
>
> Ponlo de pie,...
>
> ... y sepa que es divino
> despojo, polvo errante en el camino:
> mas que Tu luz lo inmortaliza y dora.
> (AFH 83)
>
> Somos pasto de luz. Llama que va
> vibrando, en el vaivén de un viento inmenso;
> viento que sube arrebatadamente,
> entre frondas de amor que se desgarran.
> (AFH 86)

No hace falta repetirnos en la obvia interpretación de estos últimos versos. Fácilmente notamos que se trata simplemente de una tautología. Aparte de este significado, la luz puede querer indicar vitalidad, alegría, bienestar, esperanza y clarividencia, todo ello íntimamente asociado con el resurgimiento de una nueva España en manos del pueblo español,

> ...ardua España mía,
> en nombre de la luz que ha alboreado:
> alegría. (PPP 55)
>
> ... caudal humano
> hacia otra luz: he visto y he creído. (PPP 71)

Sin embargo reconoce el poeta que este futuro resplandeciente de bienestar y felicidad inundando la tierra de su patria, no podrá efectuarse con medios tranquilos y progresistas, sino que vendrá violentamente:

>Abrid
>cauce a la esperanza,
>ceda
>el postigo,
>golpeen
>las ventanas,
>entre la luz con un cuchillo
>brillante, ¡ay de mi España! (EC 119)

Convendría notar que existe una gran proximidad entre el efecto solar en el paisaje castellano y la interpretación que venimos dando a la luz, haciéndose estas dos imágenes concomitantes en algunos aspectos de su carácter simbólico:

>Ahora después
>es la vida...
>
>la mano ríe brilla el sol.
>   (ENEUL 98)
>
>irrumpa
>justiciero el sol,
>   (QTE 109)
>
>sé
>que mañana
>hará sol, será de todos
>España. (QTE 110)

Es costumbre pensar en España como la tierra del sol y la alegría. Otero sabe que es ésta una concepción ficticia y que, dentro de la aparente jovialidad española, existe esa pesadumbre íntima de un pueblo martirizado por muchos años de injusticia y falta de libertad.

No es extraño encontrar antítesis temáticas o de imágenes en la poesía oteriana. Un mismo símbolo puede representar dos opuestos. Esto se explica fácilmente si tenemos en cuenta el conflicto imaginativo que se traba en el autor, torturado por la belleza que el hombre como poeta siente y desea representar, y lo dispar que resulta cuando profundamente cala la triste realidad de la vida.

Los siguientes versos encierran una dualidad de pensamiento que nos interesa sobremanera. Por un lado el poeta demuestra su fiero orgullo español, rememorando el pasado conquistador y glorioso de España, en cuyas posesiones "no se ponía el sol", y por otro, en forma antitética, nos incita a olvidarlo para forjar un futuro donde los valores del pasado dejen de tener importancia:

> Yo sé que puedes. Eres pueblo puro,
> materia insobornable de mi canto,
> desenquijotizándote un tanto,
> sé que puedes. Podrás. Estoy seguro.
>
> ¿Quién sino tú aupó desde lo oscuro
> un sol bajo el que el orbe abrió su manto,...
>
> Allá historias. Aquí lo que hace falta
> es conquistar el año diecisiete,
> que está más cerca... (QTE 158)

España, país de luz y sombra. Al sur tierra del sol andaluz, y al norte, sombras grises de las costas cantábricas y atlánticas de Galicia. Tierra de contrastes, como la poesía de Otero que, llena de fuerza y vitalidad, de optimismo, se encuentra en constante dilema con la seriedad, tristeza y pesadumbre innata del hombre nórdico español. Poesía dura como la tierra que labra el campesino castellano, enérgica como el hombre vasco, rica en insinuaciones como la exuberancia de los huertos valencianos.

Colores

La poesía oteriana no es rica en matices coloristas, como es, por ejemplo, la de Góngora y los preciosistas, o Rubén Darío y los modernistas. Si acaso, podríamos considerarla poesía de pardos tonos otoñales, color del cobre, o el verde olivo de la paz y el verde de la esperanza, de vez en cuando hiriéndonos con sus azules y rojos, pero éstos principalmente en su valor simbólico. En ocasiones, sobre todo en su última obra, hace alusión al violeta o morado como presagio de desgracia y tristeza.

No abundan descripciones en donde resalten colores vivos de la naturaleza, ni recuerdos pictóricos de la belleza femenina. Hay sin embargo algunos poemas paisajistas, no del campo, sino de pueblos y ciudades españolas, y éstos son muy sobrios en sus descripciones. Entre ellos querríamos detenernos ante uno que nos llama la atención por su título "Colorolor", y el contenido que refleja:

> Otoño de cobre
> frondas de la Moncloa
> pájaro amarillo
> de Olmedo
> cadena destrozada
> del Tajo
> octubre vacilante
> en las márgenes del Ebro
> Miranda huele a pan
> Alicante a puerto
> Madrid a cielo azul
> Zamora a plaza pura
> Otoño
> de España
> uncido
> como un buey rojo a mi palabra.
>
> (QTE 102) [5]

La experiencia de los sentidos del olfato y la vista está reflejada con tan perfecta precisión de imágenes, que parece que nos encontramos recorriendo las riberas del Ebro o respirando la pureza del aire en un pueblo castellano y percibiendo los aromas particulares de ciertas regiones de España, todo ello reunido bajo el influjo del otoño español.

Continuando con sus semblanzas escuetas de lugares españoles, nos da unos versos que en la mente del poeta los representan, versos con reminiscencias lorquianas:

> Zamora era de oro,
> Ávila de plata.
>
> Contra el azul del cielo
> torres se dibujaban.
>
> Románicos mosaicos,
> ágiles espadañas.

---

[5] Nótese la omisión de signos ortográficos que se comentará cuando se discutan otros aspectos del estilo en la poesía de Otero.

> Zamora de oro,
> Ávila de plata. (QTE 103)

Hablando de reminiscencias, que recoge muy oportunamente Otero cuando viene al caso, recordamos a un tiempo los poemas, "A orillas del Duero" de Antonio Machado [6] y "Cuando los trigos encañan" de Otero, el último muy reducido en comparación dimensional con el de Machado, pero indudablemente inspirado en el primero:

> Primavera en Castilla.
>
> Flores azules, azulejos,
> amapolas,
> tomillo, espliego, salvia.
>
> La cigüeña dormita
> en lo alto de la torre.
>
> Entre los leves álamos
> pasa, sereno, el Duero.
>
> Primavera en Castilla.
> Salvia, tomillo, espliego.
> (QTE 93)

Notemos la mención de "tomillo, espliego, salvia", y en el poema machadiano, "...tomillo, salvia, espliego", diferenciándose únicamente en la colocación de las palabras. También similar, es la referencia en ambas obras al río Duero, los álamos y las torres castellanas.

Entre todos los colores que figuran en la poesía de Otero son quizás el azul y el rojo los que más nos llaman la atención, cada uno con su muy particular carácter simbólico. El primero representando principalmente la pureza, ilusión, inocencia, fidelidad y la belleza del cielo español, "en lo alto del cielo / la luz azul alegre" (QTE 97), "Alzad, / cimas azules de mi patria, / la voz" (PPP 59). "Mediodía del mundo. / Cielo azul de España" (QTE 185).

Puede también indicar ciertos aspectos del pasado del autor, "en mis años azules de Palencia" (ENEUL 58), que aún sin querer implicar una exacta explicación del contenido, entendemos sea en este

---

[6] *Obras, Poesía y prosa* (Editorial Losada, S. A., Buenos Aires, 1964), pág. 126.

caso reflejo de una experiencia agradable. En otra ocasión expresa la inocencia de la niñez, y la pérdida de sus ilusiones: "El niño está en la terraza contemplando un gato azul... Cuando llega el camión, al niño le duele el estómago y por la noche vomita un gato azul. El cielo es de color indefinido, el niño está llorando en la terraza, sabiendo todo lo que le espera" (ER 274 y 275).

El color rojo en cambio, pretende inferir la juventud y su vitalidad, o simboliza la sangre, el colorido de las sustancias que componen trechos de tierra española, y el socialismo o marxismo como agente vitalicio de rejuvenecimiento y esperanza para el país, "rojas colinas / de Ciudad Real" (QTE 184), "Tierra de rabia, roja / semilla de la esperanza" (QTE 185).

El poema "Con un cuchillo brillante", nos recuerda el "rojo mineral de sus verdes montes natales",[7] y quiere Otero apuntar con el aspecto físico de su tierra, el estado de su alma, donde lleva clavada su roja patria:

> España,
> palabra bárbara, raída
> como roca por el agua,
> sílabas
> con sonido de tabla
> seca,
> playa
> de mi memoria, mina
> roja del alma,
> cuándo
> abrirás la ventana
> a la brisa
> del alba. (QTE 99)

Indicando la doble representación del vigor e ímpetu de la juventud obrera, sobre todo la española, y su afición a las ideas marxistas y socialistas, el autor nos expone su propio interés en ambos aspectos:

> La juventud de hoy, la de mañana,
> forja otro cielo rojo, audaz, sonoro, (ENEUL 140)

---

[7] Max Aub, *Una nueva poesía española* (Imprenta Universitaria, México, 1957), pág. 68.

Roja bandera herida por el alba. (EC 165)

    Clara y libre
brille una cinta roja entre cadenas. (EC 167)

(Mañana
de cielo rojo y sol)

Campesino, minero,
tejedor, forjador. (QTE 96)

Y cuando el rojo farellón se anuble,
otro, otro y otro entroncarán su fronda
verde. Es el bosque. Y es el mar. Seguidnos.
                          (EC 177)

¿Y tú, Terechkova, rompiendo el puro
aire, sonríes?...

...Dichosos
esos tus ojos dulces, victoriosos,
pastora de la paz, llave celeste

pendiente de una fina cinta roja,
sonríes y rejuvenece el Este,
en tanto que Occidente se sonroja. (QTE 177) [8]

El color rojo también puede ser presagio de desgracias:

Cuando el poniente pone
sutil el aire y rojo
el cielo. (QTE 91)

O sea, peligra la libertad, "sutil el aire", y se divisa un "cielo rojo" de sangre.

En su diversidad de riqueza metafórica, ocurre en algunos casos en donde el color rojo quiere significar simplemente la vergüenza y el bochorno: "De oro del poniente / tienes la frente roja" (QTE 104). (Como "Occidente se sonroja" en los versos citados más arriba.)

En ciertas ocasiones, reúne Otero en un poema tres o más colores que son distinguidos exclusivamente por su explícito efecto simbólico,

---

[8] Recuerda aquí la hazaña de la primera mujer cosmonauta rusa.

sin miramientos a la posible belleza lingüística, aun cuando ésta esté presente:

> Maravilloso azul el de la infancia.
> Y más maravilloso
> el rojo vivo de la plenitud.
>
> Bendita sea la rama
> que al tronco sale.
> Pero más el ramo verde
> que logra enraizarse. (ENEUL 55)

Hemos venido comprobando lo comentado al comienzo de este resumen, demostrando la sencillez oteriana en el uso de los colores en su poesía, sin meterse en abalorios formalistas, matices sensuales, o prismáticos del lenguaje, que pudieran oscurecer su principal sentido simbólico.

Imágenes corporales

Se mencionó al comienzo de esta parte de nuestro estudio, como Otero da un enfoque simbólico de relativo interés a las distintas partes del cuerpo humano, sobre todo los brazos, los hombros, las uñas, la boca y los ojos. Este detalle también quiere indicarnos la forma en que se involucra el autor en cuerpo y alma en todo lo que escribe. Nos recuerda de nuevo a Miguel de Unamuno y su filosofía existencial basada en el hombre como "el sujeto y el supremo objeto a la vez de toda filosofía",[9] aquí podríamos traducir en Otero, de toda poesía, porque es verdad que el poeta nos da la sensación de querer integrarse física e intelectualmente en lo que escribe; parece hacerlo no sólo con la mente y el sentimiento, sino con todo su cuerpo: "La poesía como sucedáneo de la vida, no nos interesa en absoluto, sí como añadidura".[10]

Recordamos ahora unos versos que sabemos son de sus primeros publicados, y los cuales reflejan esta misma teoría, específicamente notando el papel tan importante que tienen los brazos y los ojos, pero

---

[9] *Del sentimiento trágico de la vida* (Las Américas Publishing Co., New York, sin fecha editorial), pág. 7.
[10] Francisco Ribes, pág. 180.

sobre todo los primeros, como conductores de otros movimientos del cuerpo, haciéndose transmisores de experiencias físicas e intelectuales:

> He aquí el principio de la obra: el día.
> Se nos vuelcan los ojos: se levantan
> los brazos, con un ansia de verdades.
> (Albor "la obra") [11]

En el poema a continuación se demuestra la importancia que tienen las distintas partes del cuerpo humano que ahora nos incumben. Lo copiamos entero, pues no hay un solo verso que podamos omitir sin oscurecer el significado, además interesa en gran manera por el valor simbólico que posee:

> Me cogieran las manos en la puerta del ansia,
> sin remedio me uniesen para siempre a lo solo,
> me sacara de dentro mi corazón, yo mismo
> lo pusiese, despacio, delante de los ojos.
>
> O si hablase a la noche con el labio enfundado
> y detrás de la nuca me tocasen de pronto
> unas manos no humanas, hasta hacerme de nieve,
> una nieve que el aire aventase, hecha polvo...
>
> Soy un hombre sin brazos, y sin cejas, y acaso
> una sábana extienda su palor desde el hombro;
> voy y vengo en silencio por la haz de la tierra,
> tengo miedo de Dios, de los hombres me escondo.
>
> Doy señales de vida con pedazos de muerte
> que mastico en la boca, como un hielo sonoro;
> voy y vengo en silencio por las sendas del sueño,
> mientras baten las aguas y dan golpes los olmos...
>
> ¿Hasta cuándo este cáliz en las manos crispadas
> y este denso silencio que se arroja a los codos;
> hasta cuánto esta sima y su silbo de víboras
> que rubrican el vértigo de ser hombre hasta el fondo?
>
> ¿Hasta cuándo la carne cabalgando en el alma;
> hasta heñirla en las sombras, hasta caer del todo?
> Oh, debajo del hambre Dios brama y me llama,
> acaso como un muerto —dios de cal— llama a otro.
> (AFH 54)

---

[11] Pensemos en la acostumbrada asociación de los ojos como espejos del alma.

Lo primero que nos impresiona en estos versos es la espantosa desolación del hombre carcomido por la muerte:[12] "Soy un hombre sin brazos, y sin cejas", "una sábana extiende su palor desde el hombro"; "Doy señales de vida con pedazos de muerte", pero quizás lo más curioso sea su contenido estructural, relacionando los objetos físicos, con su correspondiente estado abstracto, supernatural o metafísico:

Me cogiera *las manos*   en la puerta del *ansia*
me (el hombre) uniesen para siempre   a *lo solo*
me sacara de dentro mi *corazón*   lo pusiesen delante de los ojos
                                   (me enfrentara conmigo mismo)
o si hablase... con *labio enfundado*   a la noche
detrás de la *nuca* me tocasen   unas manos *no humanas*
se arrolla a *los codos*   *denso silencio*
la carne   cabalgando en *el alma*
heñirla (la carne)   en las *sombras*

(El subrayado y los paréntesis son míos.)

En el estudio actual damos más énfasis a los brazos y los hombros pues son los que encierran mayor expresión simbólica.

Tengamos presente cómo Otero acostumbra a clamar al cielo pidiendo amor, comprensión y justicia. Dios permanece mudo, entonces el poeta consumiéndose de rabia, se expresa aleteando con su poder físico:

...ahora le hablo con las manos,
como atándome a Él... Solo y desnudo,

clamoreando, amor, tiendo, sacudo
los brazos bajo el sol:

...Mudo soy. Pero mis brazos
me alzan, vivo, hacia Dios. Y si no entiende
mi voz, tendrá que oír mis manotazos.

Abro y cierro mi cruz. El aire extiende
—como rayos al bies— mis ramalazos.
Ácida espuma de mi labio pende... (RC 115 y 116)

---

[12] No discutimos este poema cuando analizamos el tema de la muerte, pues interesa más por su carácter de imágenes simbólicas individualmente concebidas, que el tema en sí.

METÁFORAS-SÍMBOLOS-IMÁGENES

Estas extremidades del cuerpo humano aparecen como una forma simbólica de que se sirve el autor para representar el deseo que tiene el hombre de que Dios le escuche e, indirectamente, salve de la muerte, "...y yo de pie, tenaz, brazos abiertos, / gritando no morir". "Larga es la noche, Tachia. Oscura y larga / como mis brazos hacia el cielo" (AN 150).

> Y añadí, con los brazos incendiándose:
> —Juan de Yepes,
> Teresa de Cepeda,
> ¿no podéis hacer algo por nosotros? (ENEUL 108)

y sobre todo,

> Recuerdo. No recuerdo.
>
> Un hombre al borde de un cantil...
>
> Los brazos
> alzados hacia un cielo ceniciento...
>
> El cielo, mudo. Ceniciento...
>
> Un hombre
> al borde de un cantil, gritando. Abriendo
> y cerrando los brazos.
> Un hombre ciego. (AN 81)

Los brazos, remos del cuerpo, agarrándose férreamente a los remos de la nave de la vida, navegando en el mar de la muerte o la eternidad: "Asido al remo, expira el brazo un día". Es curioso notar con qué frecuencia menciona Otero los brazos con preferencia a las manos. Opinamos que se debe a la connotación de fuerza y abarcamiento atribuidos al sustantivo "abrazo", simbolizando de esta manera la entrega y compromiso humanos con que identificamos al autor.

Probablemente uno de los mejores poemas de la colección oteriana, se encuentra incluido entre los primeros que componen el libro QTE. Es una especie de apología del poeta dirigida a su propia obra. El lector reconocerá los primeros versos que hemos citado en otra ocasión. Optamos por transcribirlos de nuevo, pues su omisión alteraría el efecto total de la fuerza, valor y belleza poética que le pertenecen:

> Libro, perdóname. Te hice pedazos,
> chocaste con mi patria, manejada
> por conductores torvos: cruz y espada
> frenándola, ¡gran dios, y qué frenazos!
>
> Mutilaron tus líneas como brazos
> abiertos en la página: tachada
> por el hacha de un neotorquemada,
> ¡gran dios, graves hachazos!
>
> Libro, devuelve el mal que nos han hecho.
> Ancho es el mundo. Como el arte. Largo
> el porvenir. Perdona la tristeza,
>
> libro, de darte nueva patria y techo.
> Español es el verso que te encargo
> airear, airear. Te escucho. Empieza. (QTE 12)

Rara vez se ha dado un poema simbólico más vivo o con mayor representación imaginativa. Los versos: "Mutilaron tus líneas como brazos / abiertos en la página", como en forma de cruz, de sacrificio inquisitorial, son de una excelencia verdaderamente admirable.

Se dirige a su libro como si hablara a un amigo [13] tramando juntos la venganza por haber sido mutilados, torturados en manos de la censura militar y eclesiástica, "cruz y espada / frenándola", "libro, devuelve el mal que nos han hecho". Se duele el españolismo oteriano al tener que publicar su libro entero en París, [14] así el poeta le pide perdón por "darte nueva patria y techo", pero al mismo tiempo recordándole que el verso será siempre español. Valiéndose de la metáfora del aire como libertad, le incita a que se lance libre a proclamar su contenido: "Español es el verso que te encargo / airear, airear". Por último el autor se desdobla en su propia creación: "Te escucho. Empieza".

Más tarde, el significado simbólico de los brazos se altera, y cuando en un principio el poeta los blandía como espada al aire, ahora repre-

---

[13] Esto nos recuerda las palabras de Walt Whitman citadas por nuestro poeta en una de las primeras páginas de ENEUL, "...esto no es un libro. Quien vuelve sus páginas toca un hombre". Se hace mención de este detalle en la bibliografía de Otero al final de este estudio.

[14] La edición completa de *Que trata de España,* fue publicada por Ruedo Ibérico en París.

sentan la industria del hombre, y su adhesión a una nueva vida y libertad:

> Porque la vida es simple, está compuesta
> de fumar, convivir, mover el brazo... (QTE 152)

> ...nosotros
> abrimos los brazos a la vida,... (QTE 184)

> El grito de libertad que iza los brazos,... (ER 284)

Hombros

Otero imagina al hombre como un "Atlas" cargado con el peso del mundo, la muerte y sus desdichas personales. Simbólicamente lleva a cabo esta representación sirviéndose de la imagen del hombro. Pero, como ocurre con frecuencia en todo lo concebido por el autor, no se limita únicamente a una interpretación, sino que son muchas las que infiere con una sola metáfora, así en dos versos anteriormente citados, nos indica por medio de este tropo, su gran ánimo y natural optimismo: "Encima de este hombro llevo el cielo, / y encima de este otro, un ancho río / de entusiasmo" (AFH 51). Junto con su deseo de paz, quiere proyectar y compartir con todos los hombres su propia exaltación y esperanza en un futuro mejor:

> Que mi fe te levante, sima a sima
> he salido a la luz de la esperanza.
> Hombro a hombro, hasta ver un pueblo en pie
> de paz, izando un alba. (EC 128)

> Sol en los hombros, avanzan
> unidos. (PPP 38)

Concomitante a este estado eufórico, surge una gran tristeza ante la íntima percepción de la horrible situación en que se encuentra el mundo. Sirviéndose otra vez de los hombros como imagen simbólica, caracteriza a las naciones como entidades humanas sufriendo el peso de la desgracia: "Norteamérica, cayéndose hacia arriba; / recién nacida, Rusia, sangrándole los hombros; / ...Europa, a hombros de España, hambrienta y sola" (RC 147 y 148).

Refiriéndose a su constante preocupación por la muerte, que más de una vez hemos creído necesario comentar, se imagina el poeta siempre "con la muerte a cuestas", como escribía García Lorca en su "Llanto por la muerte de Sánchez Mejías",[15] no en la forma de una guadaña, símbolo que a menudo se le atribuye, sino como un "ataúd al hombro". Junto a esta connotación, tenemos que Otero, a pesar de sentirse abrumado por esta sensación mortífera, siente renacer en él un gran deseo de vivir plenamente e inyectar a la humanidad con su gran entusiasmo renovador.

Reniega del pasado y de lo que ha escrito hasta ahora (final de RC), y proyecta un futuro en donde triunfe la juventud, no precisamente en el sentido de años jóvenes, sino en ánimo. Un futuro de unión y compromiso con el pueblo:

> Vuelvo a la vida con mi muerte al hombro,
> abominando cuanto he escrito: escombro
> del hombre aquel que fue cuando callaba.
>
> Ahora vuelvo a mi ser, torno a mi obra
> más inmortal: aquella fiesta brava
> del vivir y el morir. Lo demás sobra.
>
> ...(Y ordené el fusilamiento
> de mis años sumisos.) Desperté
> tarde. Me lavé (el alma); en fin, bajé
> a la calle. (Llevaba un ataúd
>
> al hombro. Lo arrojé.) Me junté al hombre,
> y abrí de par en par la vida, en nombre
> de la imperecedera juventud. (QTE 157)[16]

Aunque no tenemos intención de examinar minuciosamente el significado simbólico de otras partes del cuerpo, entre otras, los ojos, las manos y las uñas, porque consideramos que no ofrecen nada nuevo a nuestro estudio crítico y sólo tienen valor, como se mencionó anteriormente, en cuanto contribuyen a simbolizar el valor intrínseco del hombre entero, citaremos unos versos relacionados con estas imágenes pues confirman una de las hipótesis que venimos presentando en nuestro estudio desde muy temprano, y es la forma en que el poeta siente que su vida es campo fértil donde se ceba la muerte:

---

[15] *Obras Completas* (Aguilar, Madrid, 1966), pág. 537.
[16] Nótese aquí también el uso del pretérito como punto final del pasado.

Cada vez más despacio.
Se va cayendo el mirabel, las uñas,
únicas que me quedan, se me caen de las manos,
menos una que queda colgando,
una
uña
agarrada a su dedo por un pelo,
así es la vida, cada vez más despacio nos movemos
en el terreno de la muerte,...

muertos desde los pies a la cabeza,
para siempre según las estadísticas. (AN 77)

Recapitulando sobre el significado de las imágenes, vemos con claridad la unidad que existe en la obra oteriana, donde toda ella se relaciona y complementa y cuyo motivo principal es el hombre.

Conviene recordar, para mejor adentrarnos y comprender las tonalidades que el autor da a su poesía, la importancia de no clasificarla exclusivamente bajo ciertos aspectos definitivos, sino dejar el campo libre y concentrar nuestros esfuerzos en investigar y apreciar las extraordinarias posibilidades que encierra bajo múltiples facetas, ya sea en su capacidad lírica, como en el interés conceptual, temático y estilístico.

Capítulo IV

EL ESTILO

No pretendemos en este capítulo hacer una interpretación detallada y científica del estilo en la obra oteriana, solamente balizar algunos aspectos que nos llaman la atención y que creemos son vitales para la visión de conjunto que estamos realizando.

Lo que primero resalta en esta poesía, es la sencillez y sobriedad de su estilo. Notamos también cómo expresa escuetamente una gran diversidad de temas y conceptos, y cómo siempre el poeta va al fondo de su mensaje sin malgastar el léxico poético. Sin embargo no debemos ofuscarnos por su naturalidad estilística y confundirla con la falta de imaginación retórica. Por el contrario, nos adscribimos a la opinión de Ricardo Senabre Sempere, quien nos dice que con frecuencia los críticos "deslumbrados por la densa riqueza conceptual del poeta, han dejado al margen, con cierta frecuencia, los artificios formales a través de los cuales se nos configura aquel mundo de tan profundas resonancias".[1]

Con referencia a la sencillez de sus composiciones, nos dice el propio autor: "En cuanto a la forma, se ve que ha ido a una expresión cada vez más directa, sobre todo en la eliminación *de lo que se suele llamar retórica*[2] (el subrayado es mío) y, concretamente, del

---

[1] Ricardo Senabre Sempere, "Juegos retóricos en la poesía de Blas de Otero". Papeles de Son Armadáns, agosto, 1966, pág. 138.
[2] Señalamos *"lo que se suele llamar retórica"*, pues aquí Otero se refiere a la connotación a veces despectiva, que se ha dado a este vocablo, cuando se relaciona con pasajes largos, aburridos y recargados de fraseología que no es necesaria, pero nosotros en el párrafo anterior lo hemos usado en su sentido literal: "Conjunto de principios y reglas referentes al arte de hablar o escribir literariamente" (Diccionario del uso del español).

abuso de la imagen y de la metáfora. Podría hablarse de una sencillez 'de vuelta', porque hay que distinguir la sencillez en un poeta adolescente o no desarrollado y la de aquel que con una obra consigue esa sencillez por eliminación de elementos". [3]

Insistimos en que la llaneza de su poesía no impide que el poeta emplee una gran diversidad de recursos poéticos, que serán discutidos en breve, y que sirven para ilustrar con mayor perfección y puntualidad una muy rica trayectoria temática de todas las facetas del ser humano dentro de su ámbito histórico. [4] Porque recordemos una vez más, que Otero se interesa principalmente en el hombre, de ahí que todo su acervo poético esté íntimamente relacionado con la humanidad.

En cuanto se refiere a la estructura poética de su obra, es decir, qué clase de versificación usa con preferencia, ya sean sonetos, alejandrinos, odas, romances o versolibrismo, él mismo sostiene que ha "utilizado todo tipo de formas, estrofas, tipos de versos". [5] Efectivamente, se puede verificar que ya desde sus primeras aportaciones al campo de la poesía, existían el verso libre o versículo, así como el más contenido soneto, al cual se refiere Otero como "tan recogido él, tan cruzado de brazos" (ER 268). Encontramos esta forma de poetizar tan tradicional, aún entre los poemas de "Hojas de Madrid" en ER que es, uno de sus últimos libros de poesía publicados.

El crítico Senabre Sempere ha hecho gran hincapié en recalcar que la naturalidad aparente de la poesía oteriana no impide que en ésta se hallen fuertemente representados diversos recursos estilísticos de estirpe retórica, señalando principalmente el trabajo realizado por Alarcos Llorach, donde éste demuestra el constante uso aliterativo del poeta, y lo que llama "expresividad del material fónico". [6] A esto añade Sempere su propia interpretación del "uso de algunos procedi-

---

[3] Antonio Núñez, pág. 3.
[4] Entre la correspondencia que vengo sosteniendo con Blas de Otero desde hace algún tiempo, tuve ocasión de remitirle un cuestionario que él, muy amablemente, me devolvió con sus contestaciones. Una de las preguntas fue: "¿Se considera usted poeta social en el sentido literario, o sencillamente un hombre-poeta interesado y comprometido con el hombre y la sociedad en que vive?". Contestó Otero: "Lo segundo (y mejor que 'social' es llamar 'histórico')".
[5] Antonio Núñez, pág. 3.
[6] Senabre Sempere, pág. 138.

mientos que, aun teniendo en ocasiones, parentesco con la pura aliteración constituyen figuras retóricas de otro tipo". [7]

Llorach ha concentrado más bien su interpretación estilística en el uso del poeta del encabalgamiento, reiteración sonora, paralelismo y la ya mencionada aliteración. El trabajo de Sempere se dirige más hacia un estudio de la paronomasia, el parequema, la derivación, el calambur, el retruécano y la dilogía. Nosotros mostraremos ciertos ejemplos, no discutidos por los críticos, de algunos de estos "juegos retóricos", como los denomina Sempere, además de hacer nuestras propias observaciones sobre los mismos, y añadir algunos otros recursos estilísticos propios del poeta, como son los poemas sin puntuación, la especial colocación de las palabras en el papel en que están impresas, su fragmentación de un verso a otro, y el uso frecuente de determinado léxico.

Nuestro interés no se dirige tanto al empleo lingüístico de este ingenioso artificio retórico, como a lo que en ello hay de interpretación temática y conceptual, así analizaremos varios poemas cumbres que ejemplarizan el ingenio quevedesco de Otero, en donde la ironía y el doble sentido interpretativo juegan un papel importantísimo.

El encabalgamiento

Entre las muchas cosas que nos llaman la atención cuando estudiamos la poesía de Otero, predomina el uso frecuente del encabalgamiento, sobre todo en la posterior a EC, haciéndose de enorme trascendencia en QTE, donde es raro el poema en que no se encuentre. [8]

El crítico Alarcos Llorach ha hecho un estudio muy importante sobre este procedimiento en un capítulo que titula: "Dislocación del ritmo fluyente" (pág. 102), en donde señala los distintos efectos rítmicos producidos por este método.

Poco queda por decir sobre el asunto que no sea repetición de lo que ha mostrado Llorach, por lo tanto sólo haremos notar, mediante ciertos ejemplos ilustrativos, la acción encabalgadora en la poesía oteriana, señalando algunos aspectos discutidos por Llorach y añadiendo

---

[7] Ibíd.
[8] Notemos, sin embargo, que disminuye en los últimos poemas recogidos en ER.

otras observaciones nuestras, sobre todo en lo que se refiere a la temática conceptual con que tan íntimamente se relaciona.

La primera impresión que tenemos cuando observamos el efecto del encabalgamiento oteriano, es sentirnos como si galopáramos por un pedregal poético. Pero no se trata de un galope desenfrenado, sino de tipo recalcado y acompasado. Este efecto se demuestra doblemente cuando alternan el encabalgamiento y las pausas métricas, o de signos ortográficos:

> Patria
> perdida,
> recobrada
> a golpes de silencio,
> plaza de la estación, en Córdoba,
> blanco muro
> de Aldea del Rey,
> todo
> perdido
> en la lucha,
> día a día
> recobrado
> a golpes de palabra. (QTE 33)

Nótese asimismo la reiteración que ayuda también al compás de la rima. Aunque hemos elegido este poema entre muchos, es curioso que incluso las dos últimas líneas reflejan, conceptualmente, nuestra interpretación.

En su "Biografía" (QTE 27), hace uso de este mismo truco, con la diferencia de que el ritmo es más apresurado, sobre todo al final:

> Libros
> reunidos, palabra
> de honor,
> sílaba
> hilada letra a letra,
> ritmo mordido,
> nudo
> de mis días
> sobre la tierra, relámpago
> atravesando al corazón de España.

En ocasiones el encabalgamiento sirve para contar una historia, el efecto es parecido al que usaría un narrador expresándose en alta voz.

El poema escogido es algo largo, sin embargo vale tanto, y es tan perfecto como ejemplo, que merece la pena transcribirlo entero:

>Canto al Cantábrico,
>una tarde cualquiera
>del año
>1960.
>Cielo de Zarauz azul y blanco,
>hundido hacia Guetaria en vaga niebla,
>Pasajes de San Juan, silo de barcos
>pesqueros,
>brisa sesgada de la Magdalena,
>luz de verano,
>cementerio marino en la Galea,
>latido de los faros
>en Castro Urdiales y Santurce y Ciérvana,
>airado mar de los acantilados
>mordidos por la galerna,
>niño descalzo
>en la Concha, infancia pensativa
>frente al hosco rumor de las mareas,
>adolecer temprano
>en la torcida calle marinera
>herida de geranios,
>riberas
>febriles del Nervión, Sestao, Erandio,
>
>aquella morena, madre,
>que vive junto a la Peña,
>días hundidos, viejo calendario
>llamando a la puerta
>esta tarde, golpeando
>con las olas y el viento del Cantábrico.

Subrayamos de nuevo el "galope" conseguido en esta forma poética unido al uso de las comas, la unión encabalgadora que junta, y el signo ortográfico que detiene.

Otras veces este mismo conjunto aliterativo y encabalgador, resulta en forma de staccato, apresuramiento y después suspensión rítmica:

>Toledo
>dibujada en el aire,
>corona dorada
>del Tajo,
>taller

de la muerte,
tela verde de la Asunción,
sombría
Bajada del Pozo Amargo,
brilla
tu cielo
morado,
pase
suavemente la brisa
rozando
tu silo de siglos. (QTE 100)

Esta especie de fraccionamiento apresurado de la lengua también puede ser ocasionado por otros artificios lingüísticos, como por ejemplo en estos versos, en donde observamos la importancia de la aliteración y la onomatopeya:

ESPAÑA
patria de piedra y sol y líneas
de lluvia liviana
(orvallo, sirimiri, de Galicia,
Asturias, Vascongadas:
mi imborrable lluvia en cursiva),
desesperada.
España, camisa
limpia de mi esperanza
y mi palabra viva,
estéril, paridora, rama
agraz y raíz
del pueblo: sola y soterraña
y decisiva
patria! (QTE 7)

Notemos el contraste entre las palabras unidas por la "y" y las que fonéticamente une la aliteración: "líneas / de lluvia liviana", o el encabalgamiento, "desesperada / España, camisa / limpia de mi esperanza", "rama / agraz", inmediatamente enlazada con "y raíz del pueblo". Este enjambre es, precisamente, el causante del fraccionamiento, y añadamos aquí, desliz imaginativo llevado a cabo por la onomatopeya que se mezcla en la aliteración: "líneas / de lluvia liviana / (orvallo, sirimiri, de Galicia, / Asturias, Vascongadas: mi imborrable lluvia en cursiva). El poema en sí resulta además una obra de arte en contrastes lingüísticos y simbólicos. Veamos como a un mismo tiempo el autor nos quiere dibujar una España llena de dualidades, opuestos y contrastes:

<table>
<tr><td>patria de piedra y sol</td><td>y líneas / de lluvia liviana</td></tr>
<tr><td>desesperada España</td><td>camisa limpia de mi esperanza</td></tr>
<tr><td>estéril</td><td>y mi palabra viva,... paridora</td></tr>
<tr><td>rama agraz</td><td>raíz del pueblo</td></tr>
<tr><td>sola y soterraña</td><td>decisiva patria</td></tr>
</table>

Observamos perfectamente la insistencia del poeta en los temas que le preocupan y que puntualiza constantemente, haciendo uso especulativo de toda clase de configuraciones retóricas, que puedan rendir efecto a su propósito.

También ocurre en la poesía que el encabalgamiento haga las veces de una introducción y retracción idiomáticas:

> Soledad tengo de ti,
> tierra mía, aquí y allí.
>
> Si aquí, siento que me falta
> el aire,...
>
> Pues si allí, siento que el suelo
> me falta, que puedo apenas
> remover plumas ajenas,
> se me va el pájaro al cielo;
> es
> lo que yo digo: Ya ves,
> tierra mía, allí y aquí,
> soledad tengo de ti. (QTE 74)

La repetición de los dos primeros versos al final del poema, pero en cierto orden invertido, también ayuda al efecto de introducción y retracción.

U obra como complemento de la onomatopeya que subrayamos:

> Alegría, parece
> que vuelves de la fiesta,...
>
> árboles inclinados
> como personas, ciega
> capa de torear
> color azul y fresa,...

> ...*el mar*
> *crujió como una seda,*
> a lo lejos, los montes
> de León espejean
> tal una espada azul
> movida entre la niebla,
> alegría,
>   paciencia
> de la patria que sufre
> y la españa que espera. (QTE 98)

Además de lo discutido, el encabalgamiento sirve para efectuar una semejanza poética del ritmo conversacional. Teniendo en cuenta el interés que demuestra Otero por el léxico del pueblo, apreciamos aún más la intención satírica del siguiente poema:

> Me gustan las palabras de la gente.
> Parece que se tocan, que se palpan.
> Los libros, no; las páginas se mueven
> como fantasmas.
>
> Pero mi gente dice cosas formidables,
> que hacen temblar a la gramática.
> ¡Cuánto del cortar la frase,
> cuánta de la voz bordada!
>
> Da vergüenza encender una cerilla,
> quiero decir un verso en una página,
> ante estos hombres de anchas sílabas,
> que almuerzan con pedazos de palabras.
>
> Recuerdo que, una tarde,
> en la estación de Almadén, una anciana
> sentenció, despacio: —"Sí; pero el cielo y el infierno
> está aquí". Y lo clavó
> con esa n que faltaba. (QTE 42)

Los versos, "Pero mi gente dice cosas formidables, / que hacen temblar a la gramática" y "ante estos hombres de anchas sílabas, / que almuerzan con pedazos de palabras", además de su gran valor conceptual, donde sobresale la importancia del habla del pueblo, son de una fuerza fonética sensacional. Fijémonos sobre todo en los dos últimos y en el uso aliterativo de dos vocales principales, la "a" y la "e". Exceptuando algunas "os" y una "i", son las únicas que se emplean, ilustrando así las propias palabras del poeta: "anchas sílabas", pues son estas letras dentro del léxico total, las que asociamos particularmente con el significado de expansión vocal.

El encabalgamiento final sirve para expresar aún con mayor énfasis la sentencia que el poeta pone en boca de la anciana, así llevando al verso la acción habladora en preferencia a la descriptiva.

Lo que copiamos a continuación ilustra claramente este mismo estilo, aquí semeja un monólogo interior:

>   Pues bien, diría
> la verdad,
> aquí,
> tirado junto al mar
> latino.
>
> Si el aire
> público, pudiera competir
> con mi pecho
> personal, acechado por la sombra,
> oh población de claridad,
> diría
> tu combate y tu rostro altoaplastado,
> debo decir
> como en cestas con frutas la palabra
> frondosa, si el aire
> corriese simplemente abierto y si... (PPP 122)

La imagen del aire libre apoya lo que se comentó en otro lugar.

Para terminar ofrecemos un ejemplo más de este mismo estilo con tonos filosóficos en el que destacamos los sonidos homófonos que se emplean para resaltar el ritmo auditivo:

>   ¿Qué tiene que ver la vida con los libros?
> Con esos libros torpes,
> miopes de idealismo,
> un perro salta y ladra, silba un tren
> a lo lejos,
> la realidad palpita evidentemente,
> entra un obrero
> a la *fábrica,*
> nace un estado en *Africa,*
> cae
> un tenedor al suelo,
> pero ¿qué tiene que ver la vida con los sueños
> borrosos, intentando tapar
> vanamente, el torso de la vida? (QTE 37)

Reiteración, aliteración, retruécano, dilología

Ya demostraron los dos críticos que venimos citando, Llorach y Sempere, en el libro y artículo a que nos hemos venido refiriendo con frecuencia, la enorme influencia reiterativa en la obra oteriana, por lo tanto no queremos repetir, únicamente ampliar, el estudio efectuado por estos señores.

Continuando con nuestro enfoque temático y conceptual en la estilística del poeta, queremos señalar algunos casos muy importantes que ilustran la maestría que el autor posee, cuando desarrolla y se vale de todos los recursos poéticos a su alcance, para un fin confabulador a favor del pueblo.

Señalamos un caso, al cual Senabre Sempere se refiere como de "parequema" (pág. 139) en donde ésta produce una especie de tartamudeo, y señala el trabajo de Alarcos Llorach (págs. 147 y 148) quien a su vez menciona este mismo efecto entrecortado, pero que este crítico atribuye más bien a la aliteración: "La aliteración y los ecos o rimas, cuando son inmediatos, dan la impresión de que un tartamudeo repite sílabas, de que alguien agitado por la vehemencia y la pasión se atropella y articula tumultuosamente los mismos sonidos" (pág. 139).

Citamos el ejemplo que da Sempere para luego hacer nuestras propias observaciones:

> De tener que escribir, lo que prefiero
> es la página rota, revivida,
> no la blanca que va que va perdida
> como sombra de nube en el otero.
>
> (libro, 16) (pág. 139)

Sin embargo en el libro ENEUL que nosotros consultamos (pág. 16), que se trata de la misma edición a que se refiere Sempere y, según creemos, la única que hasta ahora se ha publicado, se acentúa la "e" del primer "que", "no la blanca qué va   que va perdida", lo que ofrece unos aspectos muy importantes bajo el punto de vista conceptual, si tenemos en cuenta dos puntos: cómo están espaciadas las palabras y el señalado acento sobre la "e" del primer "qué". Comparemos el ejemplo citado por Sempere y el actual en el libro ENEUL:

"no la blanca que va que va perdida." (Sempere)
"no la blanca qué va   que va perdida" (ENEUL)

Leyendo el primer verso, vemos sí una especie de tartamudeo, pero a pesar de ello, tiene cierta fluidez, mientras que en el segundo, su forma espaciada nos da la impresión de detenimiento y vuelta a empezar después de "qué va", y, pensando en lo mucho que Otero prescinde de signos ortográficos,[9] a estas dos palabras podríamos añadir los signos de exclamación "¡qué va!", ya que se nos da un indicio de este propósito exclamativo cuando se acentúa la "e", así viniendo a querer decir, en forma castiza: "¡ni hablar!". Resumiendo el significado conceptual: Si he de escribir, quiero romper lo escrito hasta ahora, (la página rota) para empezar de nuevo, no en una página blanca, insulsa, sin sentido, página que fue "sombra de nube", limitando y oscureciendo el compromiso del poeta Otero. Para dar más énfasis a esta explicación, recordamos el significado de la palabra "otero": "cerro aislado que domina un llano" (Diccionario de la Real Academia Española), que parece representar la posición del poeta de antaño ante los problemas humanos, pero que cambió para comprometerse con el mundo de los hombres de que forma parte. Termina este mismo poema con una especie de retruécano que ilustra perfectamente esta teoría conceptual:

> Toda la vida entre papeles. Pero
> entre papeles y realidades,
> es la realidad lo que prefiero.

Si existe alguna duda sobre el significado que quiere dar el poeta al sentido espaciado del verso, consultemos este mismo poema que está repetido en QTE (pág. 36) donde las palabras que nos incumben están incluso aún mucho más espaciadas. Lo reproducimos con los espacios aproximados como motivo de comparación:

> no la blanca   qué va   que va perdida

con un centímetro, más o menos, de separación entre "blanca" y "qué va" y estas dos palabras y su repetición.

---

[9] Ver sección de este capítulo en donde se menciona la falta de puntuación en ciertos poemas de Otero.

Lo que estamos tratando de aseverar es que, cuando Otero se vale de juegos retóricos en su poesía, tiene un propósito conceptual y temático muy firmes. Emplea este recurso de forma premeditada y formal. Tomemos otro ejemplo para continuar ilustrando nuestra teoría:

> Don Quijote y Sancho Panza,
> Sancho Panza y don Quijote.
> Puestos en una balanza,
> el uno pide justicia,
> el otro pide pitanza.
>
> Ay Miguel, Miguel, Miguel
> de Cervantes Saavedra.
> Como ha fracasado él,
> en su pluma nadie medra. (QTE 39)

Tenemos aquí tres artificios retóricos, aliteración, reiteración y retruécano. Este último es quizás el más importante, conceptualmente hablando, pues al invertir los nombres propios de Quijote y Sancho a Sancho y Quijote, nos está demostrando la supremacía del pueblo sobre las clases altas. También se insiste en la importancia de conceder un ideal justiciero, que representa Don Quijote, al pueblo español, representado por Sancho. En los versos finales crea Otero una comparación entre el fracasado idealismo cervantino, y el suyo propio.

Los dos últimos versos del poema "Palabras reunidas para Antonio Machado" (ENEUL 134), que también se encuentran en EC (pág. 152), tienen una serie de aliteraciones muy bien realizadas:

> Sevilla está llorando. Soria
> se puso seria. Baeza
> alza al cielo las hoces (los olivos
> recuerdan una brisa granadamente triste).
> El mar
> se derrama hacia Francia, te reclama,
> quiere, queremos
> tenerte, convivirte,
>   compartirte.
> como el pan.

Nótese la maestría oteriana en el juego de sonidos y rimas interiores entre palabras, algunas casi homófonas, que se siguen unas a otras: "Sevilla - llorando", "soria - seria", "Baeza - alza al cielo las hoces", "mar - derrama reclama", "hacia - Francia", "quien - queremos", pero también observemos el matiz simbólico: "(los olivos / recuerdan una brisa granadamente triste)", el neologismo "granadamente", significando "los olivos de Granada", olivos de paz, al mismo tiempo que "brisa" como el aire de tenue libertad, y "alza al cielo las hoces", la herramienta del pueblo y el símbolo comunista.

Recogemos aquí unos cuantos ejemplos adicionales de reiteración y aliteración, que son de especial interés sintáctico y en ocasiones, simbólico:

>Cuando voy por la calle
>o bien en algún pueblo con palomas,
>lomas y puente romano,...
>
>son los labios que alabo
>en la mentira de la literatura,
>la palabra que habla,
>canta y calla... (ENEUL 18 y 19)

y valiéndose sarcásticamente de vocablos paronímicos (el subrayado es mío):

>...ciudad donde nací, turbio regazo
>de mi niñez, *húmeda* de lluvia
>y *ahumada* de curas. (ER 291)

por fin,

>ustedes sigan fumando y bebiendo, pero el tabaco es mío
>que me lo cambió Fidel por unos versos muy bonitos:
>el yanqui vive en América,
>pero se le ha visto en todas partes
>haciéndonos la puñeta.
>Tenga, un vaso de whiskey para usted, y para mí coca-cola,
>¡hola, hola! no está mal,
>pero será mejor que le ponga un poco de sal
>para que se vaya acostumbrando
>ya sé yo a qué y casi casi el cuándo. (QTE 181)

El poema donde se encuentran estos últimos versos se titula, "Cuando venga Fidel se dice mucho", así comprendemos mejor la fina ironía representada por, "Tenga, un vaso de whiskey para usted, y para mí coca-cola, / ¡hola, hola! no está mal", lo mejor para el yanqui, mientras que el cubano o el español tienen que conformarse con coca-cola, y continúa llegando a la reiteración final, viniendo a querer decir que el poeta sabe que en un futuro cercano ya no se exportará el azúcar como antes, y más le vale al yanqui ir acostumbrándose a la sal en su lugar.

De marcado interés conceptual son los efectos reiterativos siguientes:

> ...Si a un cojo guía un ciego,
> ¡qué harán sino caer, caer, caer!
> Pero yo he visto y he palpado. Ser
> o no ser. Cara o cruz. Trágico juego;
>
> Trágico amor, amor hasta las heces. (QTE 155)

Con la interrogación primera, terminando en exclamación y la repetición del verbo "caer", nos imaginamos el proceso de hundimiento de la patria. "Ser / o no ser", palabras shakesperianas que sirven como fondo a la expresión castiza española, "dar la cara", en su directa relación con "cara o cruz. Trágico juego", y el significado de "cruz", como sacrificio y dolor. Acto seguido: "Trágico amor, amor hasta las heces", mezcla de ese amor y desprecio que siente el poeta hacia su patria.

La siguiente onomatopeya es una de sus mejores en cuanto se refiere a la aliteración fónica:

> Y yo, sentado en una silla, sílaba
> a sílaba, les silbo en los oídos
> que sí, que estoy tallando una sortija
> ...para sus manos o las de sus hijos. (QTE 57)

Observemos el fuerte contraste entre la reiteración de sonidos sibilantes, bilabiales, dentales y velares, representados especialmente por "si", y "ba", "bo", "do", "ja", y "je".

Continuando con el efecto de aliteración auditiva:

> Es una esfera esfinge verdadera,
> mitad muerte mitad temprana vida,
> y lo que roza el aro es una huida
> deslizadoramente pasajera. (ER 296)

Fijémonos en el uso reiterativo de "es" y "era" en el primero y el último verso prestando un excelente ritmo al compás fónico, y la "m" repetida cuatro veces en el segundo verso, que origina una especie de tartamudeo al que se refería Llorach.

Análogamente, pero con énfasis en "ía":

>...poeta maldito de la burguesía y de la po-
>licía y simplemente de la CIA. (ER 300)

De inmenso interés de aliteración, que podríamos llamar visual, son unas palabras que se distinguen en "Un 21 de mayo" (QTE 174), subrayamos las que nos atañen:

>El cielo es verde delicado, *té*
>*que tiembla tenuemente en tus pupilas.*
>Las hojas de los sauces rozan suave-
>mente tu blusa movida por la brisa.

Una aliteración perfecta, bajo el punto de vista sonoro y metafórico, se halla reflejada en el poema "León de noche" (PPP 32):

>Vuelve la cara, Ludwig van Beethoven,
>dime qué ven, qué viento entra en tus ojos,
>Ludwig; qué sombras van o vienen, van
>Beethoven; qué viento vano, incógnito,
>barre la nada... Dime
>qué escuchas, qué chascado mar
>roe la ruina de tu oído sordo;
>vuelve, vuelve la cara, Ludwig, gira
>la máscara de polvo,
>dime qué luces
>ungen tu sueño de cenizas húmedas;
>vuelve la cara, capitán del fondo
>de la muerte: tú, Ludwig van Beethoven,
>león de noche, capitel sonoro!

Obsérvese el uso continuo de la "v" y la reiteración de doble significado: "Ludwig van Beethoven... van o vienen, van Beethoven". Además interesa sobremanera el simbolismo de, "qué chascado mar / roe la ruina de tu oído sordo" reminiscente de una caracola en cuyo centro suena el murmullo de las olas.

En otra parte se dirá:

>Madera dulce de la luz: estría
>triste del día que se va. Nos vamos.
>Más que lavar el alba, sombreamos
>el abánico de la noche fría.

> Prefiero fabricar un alba bella
> para mí solo. Para ti: de todos,
> de todos modos no contéis con ella.

Recalcamos los versos, "Madera dulce de la luz: estría / triste del día que se va" porque se llega a una serie de sonidos perfectamente acompasados, gracias al uso selecto de las palabras escogidas. De forma parecida nos fascina cómo el autor llega a un significado propio por medio de trucos lingüísticos y ortográficos. Veamos de nuevo y examinemos a fondo los vocablos subrayados:

> Prefiero fabricar un alba bella
> *para mí solo. Para ti: de todos,*
> *de todos modos* no contéis con ella.

Desea el "alba bella", un futuro ideal para "él", para una persona querida (ti) y para todo el mundo (de todos). Inmediatamente, y con idénticas palabras nos presenta la vana esperanza: "de todos modos, no contéis con ella".

En otra ocasión el autor nos sumariza parte de su obra dentro de un poema de título muy simbólico, "Impreso prisionero", contenido en ENEUL (pág. 58). Valiéndose otra vez de artificios retóricos, recoge matices muy sutiles de su pensamiento y el estado en que éste se encuentra. Daremos los más importantes bajo el punto de vista figurativo o conceptual:

> HE AQUÍ
> mis libros: cuánto tiempo impreso,
> prisionero entre líneas. *Cántico*
> *espiritual,* tiempo agraz y hondo
> y duradero como el Duero,

Primeramente nos recuerda su larga temporada poética en donde se encontraba encerrado con sus propias preocupaciones y su primer interés iba dirigido hacia Dios y sus misterios, "impreso, prisionero", "duradero como el Duero". De ahí pasa a,

>   Oid
> el verso
> de Góngora: "Suspiros tristes,
> lágrimas cansadas", terco,
> rabioso ángel fieramente humano,

EL ESTILO 169

llamando al arma, desalmando el cuerpo
a golpes de pasión o de conciencia.

Desciende de la esfera celeste para preocuparse por lo telúrico, para luchar con el hombre por la justicia, "llamando al arma, desalmando el cuerpo / a golpes de pasión o de conciencia".

Más tarde en el poema pasa por París: "Veo / pasar el Sena", y, con palabras rememorando a Fray Luis de León, nos advierte de su vuelta a "la espaciosa y ardua España" en donde,

>   entro
>   en la mina comida por el hambre,
>   camino
>   Tierra de Campos,
>   torno
>   a mi villa de niebla y humo, *Pido
>   la paz y la palabra*, cerceno
>   imágenes, retórica
>   de árbol frondoso o seco,
>   hablo
>   para la inmensa mayoría, pueblo
>   roto y quemado bajo el sol,
>   hambriento, analfabeto
>   en su sabiduría milenaria,
>   "español
>   de pura bestia", hospitalario y bueno
>   como el pan que le falta
>   y el aire que no sabe lo que ocurre. [10]

Nótese también el anagrama que subrayamos y que se verifica dentro de la aliteración: "en la *mina comida* por el hambre, / *camino*". Tómense las dos primeras letras de "comida", "co", sepárense la "c" y la "o" colocándolas al principio y al final de la palabra que queremos construir. Rellénese con las letras de "mina" en distinta colocación. El resultado es "camino":

---

[10] Las palabras "español de pura bestia" pertenecen a un poema de César Vallejo, "Salutación angélica", contenido en *Poemas humanos* (Editora Perú Nuevo, Lima, 1961), pág. 37.

El anagrama es otro de los juegos retóricos oterianos al cual aludía también en su artículo Senabre Sempere (pág. 149).

Continúa el poema con versos de enorme efecto simbólico. Nos instruye sobre su propósito de luchar por "la paz y la palabra" al mismo tiempo indicándonos la existencia de la obra de este título. También el cambio por el cual ha pasado su estilo poético donde, "cerceno / imágenes, retórica / de árbol frondoso o seco" y se lanza a escribir para la "inmensa mayoría". Entonces pasa a una excelente descripción del pueblo español. Recordando el "aire" como tropo de la libertad, el verso final es altamente descriptivo en su ironía. Por fin, y siguiendo una definida trayectoria poética, hace alusión a su último libro escrito hasta entonces, EC: "¿Hablar en castellano? Se prohíbe".

El poema que transcribimos a continuación, es todo él un conjunto brillante de juegos retóricos:

>   Serpiente azul en forma de azucena.
>   Ea, azucena en trance de serpiente.
>   Víbora y flor besándose en la frente.
>   Cuna de senos. Nana mía. Nena,
>
>   Sonrisa, rayo de papel, cadena
>   suelta. Te quiero. Anillo transparente:
>   cintura niña. Y, descintadamente,
>   tu melena melosa, tu melena.
>
>   Río de lana, nave de mi mano...
>   Mira... Madeja de jacinto y luna
>   que no sé si navego, si devano...
>
>   Ríes. Te quiero. Delirante lirio.
>   Víbora viva aleteante. Cuna
>   íntimamente unida a mi delirio.
>   (ENEUL 88)

Primero tenemos la aliteración y en varios de los versos el retruécano y la paronomasia (señalaremos la reiteración y aliteración subrayándolas, el retruécano entre comillas y espaciamos la paronomasia):

>   "Serpiente *azul* en forma de *azucena*
>   *ea, azucena* en trance de serpiente"
>   Cuna de senos. *N a n a* mía. *N e n a.*
>   ...*cintura* niña. Y, des*cinta*damente,

> "*tu melena melosa, tu melena.*"
> Río de *lana*, *nave* de mi *mano*
> *Víbora viva* aleteante

Pero lo que más nos intriga es una forma de anagrama que existe en tres estrofas. Subrayamos las letras que nos interesan y la palabra que vienen a formar:

> Cu*na* de se*nos*. Nena mía. *Nena*

Como se ve, forman la última palabra del verso: Nena.

> *cint*ura niña. Y, den*cinta*damente.

Ambas: "cinta" convirtiéndose en reiteración sonora.

Nótese además que, en los siguientes versos, el anagrama forma una especie de retruécano aliterado (de nuevo subrayamos lo que nos interesa):

> Río de lana, nave *de* mi ma*no*...
> Mira... Madeja de jacinto y luna
> que no sé si navego, si *devano*.

> Ríes. Te quiero. Delirante *lirio*.
> Víbora viva aleteante. Cuna
> íntimamente unida a mi *delirio*.

También nos intriga el efecto de desliz en círculos en el poema, como la acción de una serpiente que se enrosca:

> Víbora y flor besándose en la frente.
> Cuna de senos... (como enroscada en la división de los senos)
>   ...cadena
> suelta... Anillo transparente:
> cintura niña... descintadamente,
> tu melena melosa, tu melena...

Pensando en el significado obvio de cadena: círculo dentro de una forma lineal, "anillo", "cintura", más círculos, que se desatan en "descintadamente". "Melena, melosa", y que nos da la impresión de fluidez también, "no sé si navego, si devano...", "navegar" como resbalando en el agua, "devanear" formar un ovillo.[11] Por último notamos, que generalmente cuando Otero utiliza el retruécano en su poesía, es sobre todo, con propósito irónico; refiriéndose a su patria: "y te entiendo cuando hablas / y cuando callas no te entiendo" (QTE 182). O, en ocasiones, se trata sencillamente de pura introspección:

>   ...y estás triste cuando estás contento,
>   y contento cuando te sientes triste... (ER 306)

Como escribió Senabre Sempere en el varias veces citado artículo, "la dilogía tiñe el texto de una deliberada ambigüedad muy del gusto del poeta" (pág. 144). Efectivamente, no sólo ocurre con cierta frecuencia en la obra oteriana, reafirmando lo dicho por Sempere, sino que contribuye además a la teoría que venimos recalcando de que la trabucación lingüística representa un núcleo de marcada importancia crítica:

>   Podrán *herirme*, pero no *dañarme*.
>   Podrán *matarme*, pero no *morirme*.
>   Mientras viva la inmensa mayoría. (QTE 53)
>   (el subrayado es mío)

Aunque aparentemente las palabras subrayadas tienen un significado parecido, en realidad pueden querer decir algo muy distinto, dependiendo en donde están colocadas y el significado que les quiera dar. Aquí específicamente se refieren al compromiso del poeta con el pueblo, así, aunque a él personalmente se le pueda herir hasta matarle, no le causará muerte o daño mientras su espíritu y su ideal queden encarnados y representados por la "inmensa mayoría".

Otro ejemplo dilógico es el verso citado en un capítulo anterior, "frente a la frente trágica de España" (QTE 109). Y por último, en forma burlona, uno que se parece a otro citado por Sempere (pág. 147): "y habemus nuestros ministros, / en la ONU hablaba uno" (QTE 139).

Puede ocurrir que en un mismo poema Otero recurra al uso de un conjunto ingenioso de artificios retóricos, cada uno con su muy valioso fin temático o metafórico. En los versos siguientes, mediante

---

[11] Pero muy parecida la ortografía a "devanear" que puede querer decir "delirar", así se puede admitir aquí fácilmente una doble interpretación conceptual.

un brillante juego lingüístico en que se usa la reiteración, la aliteración, la paronomasia y el retruécano, quiere el autor simbolizar una España atascada, anquilosada, y el deseo esperanzado del poeta hacia un futuro progresista para el país. Para facilitar la lectura y comprensión del ingenioso juego lingüístico, volveremos a subrayar la reiteración y aliteración, espaciar la paronomasia y colocaremos el retruécano entre comillas, pero téngase en cuenta cuando se examine detenidamente, que en algunas líneas ocurren más de uno de estos artificios:

Mañana, mañana, mañana.
Está bien, está bien. Pero e m p e c e m o s.
Esperanza, esperanza, esperanza.
Está bien, está bien. Pero a v a n c e m o s.

España, España, España.
"Apenas puedes con tus pies, apenas."
¿Quién ahocina el discurrir de España?
Cadenas, cadenas, cadenas.

Virgen de la S o l e d a d,
madre de las manos m u e r t a s,
que de tanto abrirlas, p u e r t a s
le pones a tu h e r e d a d.

Mañana, mañana será otro día,
dice la gente. *Es verdad*
es verdad. Y el viento repetía
e s p e r a d, e m p e z a d, a v a n z a d.

(QTE 76)

La reiteración nos da una visión de un pueblo cansado, marchando a contra partida, tropezando, cayendo y vuelta a empezar en su camino, terco en su ambición renovadora.

Algunos de los vocablos paronímicos sugieren una unidad simbólica, "empecemos-avancemos", "a-penas - cadenas" (separamos "apenas" para ilustrar más enfáticamente su significado). La tercera estrofa ha de ser estudiada entera para comprender el juego de la paronomasia: "Soledad" sugiere tristeza, desamparo; nos imaginamos una estatua de la Virgen con las manos abiertas, como a menudo está representada esta imagen, pero no son manos que ayudan, sino estáticas, "manos muertas" que al permanecer siempre en esta forma, no suscitan un camino de ilusión y esperanza, sino todo lo contrario, heredamos la angustiosa representación del culto español a las imágenes religiosas, estatuas que simbolizan la España detenida, "poniendo puertas", obstáculos ante el progreso. Añadamos a esta explicación los versos anteriores: "¿Quién ahocina el discurrir de España? / Cadenas, cadenas, cadenas", que ilustran la censura impuesta a la intelectualidad española, y por último los tres verbos en el imperativo, "esperad, empezad, avanzad" que recogen todo el significado del poema dándole una maravillosa unidad temática y retórica.

Frases hechas

Alarcos Llorach nos llamó la atención a la frecuencia con que Otero usa locuciones léxicas que normalmente usamos en la conversación. Notó sobre todo, las "frases hechas" que emplea Otero dentro de su poesía para varios fines personales, e indicó "que en el lenguaje ordinario - lo que hace el poeta es trasponerlas al lenguaje poético por medio del análisis: lo intelectual es el significado del conjunto" (pág. 88). Más tarde muestra el crítico unos cuantos ejemplos en donde Otero utiliza varios procedimientos, entre ellos: usar una locución común con doble significado, el corriente que se le atribuye y otro que nos haga "dudar de su significación" (pág. 88), o "hacer chocar contra la locución otra palabra que repite o alude directamente a uno o dos elementos constituyentes de aquélla: Entonces se destruye el significado de conjunto y se realzan independientemente sus elementos" (pág. 90).

Queremos nosotros añadir algunos otros ejemplos que no llegó a discutir Llorach, pero que opinamos son vitales a nuestro estudio, ilustrando, no sólo el empleo del léxico común del pueblo al que, como venimos comprobando, es muy aficionado el poeta, sino que añadiremos otros recursos suyos íntimamente relacionados con los anteriores, como son el uso de proverbios, refranes y sentencias que utiliza con fines de doble interpretación, o bien conceptual, o a menudo, con intención satírica e irónica.

Pongamos por caso los versos a continuación:

> Durante veinte años la brisa iba viento en popa,
> y se volvieron a ver sombreros de primavera
> y parecía que iba a volar la rosa. (RC 140)

Examinemos primero la palabra "brisa" como elemento atmosférico dentro del viento, pero también con su propio significado simbólico de bienestar, "iba viento en popa", reiterando este significado con "sombreros de primavera", "iba a volar la rosa", que también expresan alegría de vivir, pero en seguida nos vuelve el poeta a llamar la atención, si nos atenemos a su doble significado, con otra expresión muy castellana: "En 1939 llamaron a misa a los pobres hombres" (ibíd.). En lo que inmediatamente pensamos es en la expresión "llamar a filas", y su obvia relación con la guerra, pero aquí sustituye el poeta "filas" por "misa" y es eso lo que nos interesa, llegando a la conclusión de que, como la ceremonia de la misa representa el sacrificio del cuerpo y la sangre de Cristo, según la creencia cristiana, así los combatientes de las guerras son igualmente holocaustos inocentes.

Una de las mejores representaciones de lo que venimos discutiendo se encuentra en el poema "Final" (AFH 91), donde el poeta, con la reiteración de las palabras "puede ser" comienza por ergotizar el propósito de la presencia del hombre en la tierra y la esperanza que representa el mero hecho de su existencia física:[12]

> Puede ser que estemos ya al cabo de la calle.
> Que esto precisamente fuese el fin
> o el cabo de la calle.
> Puede suceder que aquí precisamente
> se acabe el cabo de la calle.
>
> Puede ser que estemos ahora llegando,
> que hayamos estado aquí antes,
> y todo puede ser,
> y puede ser que no sea esta calle.
>
> Nadie
>
> ¿Es que no hay nadie, es que aquí no ha quedado alguien?
>
> Puede ser que esto sea una sombra,
> eso unos árboles
> y todo lo demás
> y todo lo demás puede ser

---

[12] Llorach discutió esta primera estrofa en su capítulo: "Frases hechas", pág. 90, con el doble significado de "al cabo de la calle", estar enterados de algo, y "al final de la calle", calle de la vida.

> aire,
> castillos en el aire.

Concentremos nuestra atención en "aire, / castillos en el aire" con sus dos significados obvios, teniendo en cuenta el valor metafórico de "aire" como libertad, y la expresión castellana, "hacer castillos en el aire", como hacerse ilusiones, o sea, el deseo efímero de libertad dadas las circunstancias actuales de la vida española.

Se nos podría discutir que el poeta sólo intentaba expresar simplemente que todo lo que rodea nuestra existencia es vacuo, pero conociendo con qué frecuencia Otero gusta de dar múltiples significados a casi todo lo que escribe, y el estudio que hicimos del "aire" como tropo de la libertad, preferimos nuestra interpretación.

Otra confirmación a nuestra hipótesis se encuentra en el poema a continuación, que sirve también como modelo de frases hechas:

> A mí
> lo que me duele
> es el pecho
>
> (El pecho
> tiene forma de
> españa.)
>
> El médico me ha dicho: —Mucho aire,
> mucho ai...
>
> —Como no lo pinte. (EC 145)

Admirablemente expresivos, en relación a lo que estamos discutiendo, son los versos que citamos en otra ocasión: ("Aquí / no se salva ni dios. Lo asesinaron)". El poeta se está refiriendo, en el principio del poema donde se encuentran estos versos, al horror que significa una guerra donde todo hombre es víctima expiadora involuntaria, así nadie podrá salvarse. Pero también quiere decir cómo el hombre ha dejado de creer en Dios, ha matado el mito divino.[13]

---

[13] Nos referimos también al furor que causó el libro del obispo anglicano J. A. T. Robinson, *Honest to God* (London: SCM Press, 1960), en donde se discute el papel de la religión en el mundo moderno y la representación divina, muy contraria a la idea tradicional que se había tenido hasta entonces de la religión y la existencia de Dios. Recordemos asimismo el aforismo de Nietzsche de "la muerte de Dios", recogido por los comunistas rusos y usado en su filosofía ateísta y militante.

En otro lugar nos dice:

> Las cosas como son: no sé si hay
> sol, o si no hay más que pedir...
> De todos modos, ¡ay!
> dime tú con qué boca... (es un decir.)
> (AN 145)

Otros ejemplos del uso de la lengua castiza son:

> ...vamos a coger rosas,
> a escribir como dios manda... (QTE 82)

> Si me muero, ya sé que no veré
> naranjas de la china, ni el trigal.

Con perspicacia y donaire nos da "Vaivén" (ENEUL 87), especie de anagrama amoroso y de frase hecha:

> Cecilia Carol,
> estudiante de Filosofía y Letras.
> Anselma Lucía,
> taqui-meca.
>
> Y yo, siempre andando
> de la Ce-ca a la meca.

Ocurre que la lengua del pueblo se haga vulgar, generalmente con fines de protesta:

> ...la rúbrica rabiosa que en el aire
> deja
> de un avión ¡qué cabrón! a reacción.
> (PPP 93)

Otero no se limita a cierta época poética para emplear este procedimiento de locuciones comunes a la conversación, sino que sigue con ese acostumbrado recurso en uno de sus últimos libros publicados, *Expresión y reunión,* que aunque se trata de una antología seleccionada de su obra total, en ella incluye unas nuevas aportaciones inéditas, y que específicamente señala como creadas desde el año 1966 en adelante.

Dentro de esta antología, en "Historias fingidas y verdaderas", tiene una titulada "Secuencia" (pág. 283), donde relata la experiencia en una iglesia de unos niños mientras se supone que rezan (subrayamos la locución que nos interesa):

> ...nadie entendía que los niños nacen para ser felices, y las flores fatigaban la vista y todos teníamos unas ganas terribles de ir al cine y no queríamos *ver ni en pintura* los magníficos cuadros de Fellini y mucho menos a tía, a la monstruo esa de tía Tula.

O sea, "ver ni en pintura" en yuxtaposición con "magníficos cuadros de Fellini". No sabemos si la "tía Tula" es el famoso personaje unamuniano del libro del mismo título, pero no nos extrañaría que lo fuera.

Sin embargo, lo curioso del caso es que Otero en el último poema de ER, "Verbo clandestino", o bien se arrepiente de este recurso poético suyo, o es sencillamente que pasa por uno de sus momentos de desaliento y desconfianza en la palabra escrita; aquí resalta asimismo el encabalgamiento conversacional:

> Es terrible tener que escribir. Te juro
> que quisiera perder la memoria, el hilo
> del pensamiento, la clave de las asociaciones
> insólitas,
> el absurdo teatro de la imaginación,
> es preferible perder
> el habla, la respiración, los dedos,
> a tener que escribir recordando, volviendo
> del revés el pensamiento, anredando
> los hilos de las marionetas,
> constituyendo asociaciones ilícitas, tales como "más vale morir
> que huir de rodillas",
> "la primavera ha venido de visita", y otras majaderías por el
> estilo,
> prefiero callarme y bostezar hasta perder la respiración,
> el hábito
> y la necesidad de escribir que soporto pacientemente como una
> de tantas calamidades de mi vida. (ER 308)

Otero acostumbra usar refranes y proverbios con la misma intención que las frases hechas, aunque quizás la fuerza simbólica de este medio expresivo ayude aún más a la ironía que quiere expresar. Ilustramos unos versos de magnífica representación:

> soy sólo poeta, pero en serio,
> sufrí como cualquiera, menos
> que muchos que no escriben porque no saben, otros
> que hablan porque no pueden, muertos
> de miedo o de hambre
> (aquí decimos *A falta de pan, buenas son tortas,* se
> cumplió) (EC 151). [14]

Cambiando un poco las palabras y con significado obvio:

> DEZIR
> ...el hombre es inmortal mientras vive.
> R. [15]

Algo es algo.

> Y, a caballo regalado
> no se le mira el dentado. (AN 116)

En un poema de enorme sarcasmo en contra de "El Quijote", reúne Otero dos frases proverbiales:

> Leo el *Quijote.* Libro extraño. Leo
> el *Quijote* otra vez. Cuánta idiotez
> escrita en castellano. A lo que veo,
> por la boca muere el pez.
>
> Paciencia y barajar. Pasan las nubes.
> Silba un pájaro. A lo lejos, trema un tren.
> Las maravillosas nubes
> pasan, se ven..., se van ya no se ven...
> (ENEUL 36)

Notemos también el último verso donde la reiteración se usa muy expresivamente representando la visión de unas nubes cambiando de forma en la bóveda celeste.

---

[14] Estos dos últimos versos tienen un gran interés simbólico, teniendo en cuenta el doble significado de "tortas" como algo que se come, y como "bofetada".

[15] No he podido comprobar a quién se refiere la inicial "R".

Como se puntualizó en un principio, citando las palabras del crítico Llorach, Otero lleva el lenguaje del pueblo y el de la conversación a su poesía, transformándolo en un conjunto intelectual de enorme significado, a veces irónico, otras, puramente con propósito efectivo de mensaje o proyección de una actualidad con la que no está de acuerdo, pero que intenta señalar y, con frecuencia, criticar.

Citas ajenas

Todo lector de la obra oteriana no puede menos de observar con qué frecuencia el poeta incluye en su poesía citas que pertenecen a otros autores. A nosotros nos intriga particularmente la facilidad y desplante con que sirve de este medio literario, pues creemos que sólo un escritor entero y seguro de sí mismo, puede utilizar lo que otros han creado, e incorporarlo a su obra, sin que ésta desmerezca, o sin rebajar la calidad de la otra. También interesa, que cuando incorpora líneas ajenas, no se limita a un autor ni a una época, sino que incluye pasajes desde Fray Luis de León y Quevedo, hasta César Vallejo y Waldo Frank, y autores tan dispares como Rosalía de Castro, Góngora, Machado, Larra y García Lorca.

No es nuestra intención hacer un estudio minucioso de todos estos "préstamos literarios", como los denomina Llorach, sino simplemente mostrar, en rasgos generales, de qué forma los incorpora a su obra y cómo los utiliza, pues nos incumbe comentar y estudiar todo lo que pertenece a Otero y su metodología artística.

Fácilmente se reconocerá en el poema a continuación, no reminiscencias lorquianas únicamente, sino incluso versos contextuales, del "Llanto por Ignacio Sánchez Mejías":[16]

> Escribo; luego existo. Y, como existo
> en España, de España y de su gente
> escribo. Luego soy, lógicamente,
> de los que arman la de dios es cristo.
>
> ¡Escribir lo que ve! ¡habrase visto!,
> exclaman los hipócritas de enfrente.
> ¿No ha de haber un espíritu valiente?,
> contesto.

---

[16] Federico García Lorca (*Obras Completas*, Aguilar, Madrid, 1966), página 537.

> No. No dejan ver lo que escribo
> porque escribo lo que veo.
> Yo me senté en el estribo.
>
> Y escribí sobre la arena:
> ¡Oh blanco muro de España!
> ¡Oh negro toro de pena! (QTE 44) [17]

Nos encontramos aquí, además de los versos de García Lorca, unas palabras con acento bíblico: "Y escribí sobre la arena", y en el primer verso una parodia a Descartes: "Escribo luego existo". [18] Asimismo el título del poema, "No quiero que le tapen la cara con pañuelos" está tomado del "Llanto" de Lorca, pero Otero le ha sabido dar su propio sello, cuando lo coloca como especie de sentencia preliminar a su crítica en contra de la falta de libertad de prensa que ahoga al intelectual español. También aquí se ha servido el poeta de dos recursos retóricos que dan incluso mayor interés al poema: el retruécano y las frases hechas:

> Escribo; luego existo. Y, como existo
> en España, de España y de su gente
> escribo. Luego soy, lógicamente,
> de los que arman la de dios en cristo.
>
> ¡Escribir lo que ve! ¡habrase visto!,
>
> Ya me senté en el estribo.

De fina ironía es este retruécano:

> No. No dejan ver lo que escribo
> porque escribo lo que veo.

Pero lo importante es que estos ingeniosos juegos están realizando un propósito conceptual y simbólico, que de otra forma hubiera sido un simple mensaje didáctico, propagandista o sermoneador, todo ello muy lejos de la intención oteriana poética.

---

[17] En caso de que el lector no conozca a fondo la obra de García Lorca, los dos últimos versos son los que corresponden al "Llanto".
[18] Recordemos las palabras unamunianas: "Soy, luego pienso", *El sentimiento trágico de la vida*, pág. 37.

Hay un poema en QTE (pág. 83), que titula Otero: "Campo de amor" y cuyos versos finales son: "Un niño, acaso un niño, está mirándome / el pecho de cristal". El poema trata, fundamentalmente, de la necesidad que siente el autor de reafirmar su sincera posición, que siempre ha sostenido en la vida, ante un deseo de paz universal. Así ha elegido el apellido del poeta español "Campoamor" como título del poema, "Campo de amor", y los versos finales atestiguan a la veracidad de esta elección, pues recuerdan los de: "¡Quién supiera escribir!" de ese mismo autor, "—Para un viejo, una niña siempre tiene el pecho de cristal".[19]

En uno de los muchos poemas en donde Otero nos demuestra el horror que siente hacia la muerte y el misterio que ésta supone para él, se sirve de unos versos gallegos de Rosalía de Castro, pues recalcan y expresan de excelente forma la angustia que experimenta el poeta. Este préstamo ejemplariza de nuevo, lo que dijimos en otro lugar, de cómo el poeta utiliza la obra ajena para enriquecer la suya:

...Tengo frío.
Y miedo,
no sé..., *d'un-ha cousa*
que vive e que non se ve. (AN 76)[20]

Pero el poema que es el mejor ejemplo de la utilización oteriana de lo que otros han escrito, lo encontramos en QTE (pág. 131): "La muerte de don Quijote" en donde con genial maestría, cita pasajes del gran libro cervantino, intercalando el poema quevediano, "Miré los muros de la patria mía", e introduciendo versos de Rubén Darío y César Vallejo, citando también a Waldo Frank y Heinrich Heine. Los temas discutidos dentro del poema son: la decadencia y el atascamiento de la España tradicional, la injusticia social, la falta de libertad y la derrota del ideal español, éste representado por la muerte de Don Quijote. Termina en una nota que encierra cierta esperanza en el futuro, con unos versos tomados de César Vallejo, entre los que se intercalan unas palabras de Heinrich Heine.[21] Aunque el poema es

---

[19] *Nineteenth-Century Spanish Verse* (Edited by José Sánchez, Appleton-Century-Croft, 1949), pág. 229.

[20] Rosalía de Castro (*Obras Completas*, "Follas novas" VI, Aguilar, Madrid, 1958), pág. 423.

[21] El mismo Blas de Otero en la página 195 de su libro QTE, nos identifica las citas que incluye en el poema.

bastante largo, lo transcribimos íntegro, pues lo consideramos de un valor extraordinario:

> '...he menester tu favor y ayuda; llégate a mí.'
>
> Quijote, I, 18

'Cervantes contempla el panorama
de España.

> *Miré los muros de la patria mía*

Ve una tierra escuálida

> *Cadáver son las que ostentó murallas*

que yace estéril en tanto que los hombres
rezan... Los viejos soldados vagan
por los caminos;

> *Salime al campo, vi que*

los campos descansan
mientras los señores vigilan
el arribo de los galeones que deszarpan
de las Indias cargados de oro...

> *Entré en mi casa* [22]

Cervantes contempla su alma.
También él ha sido héroe...

> *Vencida de la edad sentí mi espada*

ha sido un poeta encarcelado...;
ha vivido en la miseria...

> *Vi que amancillada*
> *De anciana habitación era despojos*

---

[22] Este verso de Quevedo y otros que siguen un poco más tarde, "Vencida de la edad" y "Vi que amancillada", los repite Otero en otro poema, variándolos y combinándolos con otras palabras de sus propios versos, efectuando así un elemento simbólico muy de su gusto: "Entré en mi casa; vi que amancillada / mi propia juventud yacía inerte; / amancillada, pero no vencida (QTE 183)".

Al mirar dentro de sí al mundo

> Que lo que a todos les quitaste sola

que le rodea

> Los herederos de tan grande hazaña
> Te pueden a ti sola quitar todos

Cervantes ve que España,
y él
y Don Quijote,

> Y no hallé cosas en que poner los ojos

están de vuelta
de una cruzada...

> Que no fuese recuerdo de la muerte

En esta conjunción
está ya el presagio sombrío
del nacimiento

> (Que no fuese recuerdo de la muerte)

del héroe de la Mancha.'

> Diéronle muerte y cárcel las Españas

'Entonces
era par mí *Don Quijote*
un libro desconsolador...'

> Pero Cervantes
> es buen amigo.

Cervantes
contempla, y exclama:
—La libertad, Sancho, es uno de los más preciados dones... y, por el contrario, el cautiverio es el mayor mal que puede venir a los hombres.

Cervantes
escribe como los ángeles,
y responde como los hombres:
—Señor, pues ¿qué hemos de hacer nosotros?
—¿Qué? —dijo Don Quijote—. Favorecer y ayudar a los menesterosos y desvalidos.

'¡Santo cielo,
cuán rápidamente pasan
los años!
                Desde
entonces
he aprendido
que es una ingrata locura...,
si para tal lucha
sólo se posee un delgadísimo rocín
y una mohosa armadura.'

> *Entonces,*
> *todos los hombres de la tierra*
> *le rodearon*

Rogó don Quijote que le dejasen solo
y

> *De ayer te habrás de arrepentir mañana*

dando una gran voz, dijo:
  —Yo tengo juicio ya...
  —Yo me siento a punto de muerte

> *(Diéronle muerte y cárcel las Españas)*

...y una de las señales
por donde conjeturaron se moría
fue el haber vuelto con tanta facilidad
de loco a cuerdo.

> *...Pero Cervantes*
> *es buen amigo*

Cervantes hace decir a Sancho:

> *Al fin de la batalla,*
> *Y muerto el combatiente, vino hacia él un hombre*
> *y le dijo: 'No mueras; te amo tanto!'*

—No se muera vuesa merced, señor mío, sino tome mi consejo, y viva muchos años; porque la mayor locura que puede hacer un hombre en esta vida es dejarse morir, sin más ni más...

> *Pero el cadáver, ay! siguió muriendo.*

'...y apartábalo indignado
cuando le encontraba en mi

> Entonces, todos los hombres de la tierra
> le rodearon: les vió el cadáver triste, emocionado:

camino.'

> incorporóse lentamente,
> abrazó al primer hombre; echóse a andar...

Reiteración estrófica

Hemos de referirnos de nuevo a la obra de Alarcos Llorach, "*La poesía de Blas de Otero*", para comentar lo que el crítico llama "paralelismo estrófico", y define como: "El paralelismo no es otra cosa que la reiteración de secuencias más amplias, cuyos elementos se organizan conforme a un mismo esquema sintáctico (y naturalmente, sus contenidos psíquicos, si no son iguales, son equivalentes o análogos)" (pág. 121). Es importante tener en cuenta sin embargo, que Llorach limita su estudio a los poemas contenidos en las obras hasta EC y, dada la importancia de la obra posterior, creemos oportuno hacer algunos comentarios nuestros que se referirán principalmente a la poesía no estudiada en el libro de Llorach y que, si no darán un nuevo enfoque, por lo menos añadirán algunos pormenores importantes relativos a nuestro propio estudio crítico.

Como hace notar Llorach, el paralelismo estrófico aparece muy temprano en la poesía oteriana y nota que ya se encuentra en el poema "Cuerpo de Cristo", incluido en AL que, como sabemos, es uno de los primeros trabajos del autor, y continúa constantemente en toda la trayectoria poética oteriana.

Alarcos Llorach nos da una definición muy acertada y aguda del efecto que produce este recurso poético diciendo que llena "el poema de un extraño ritmo insistente, reiterado, tenaz, como las gotas sucesivas y bien dirigidas que horadan una piedra" (pág. 121). Además del efecto reiterador sintáctico, la repetición de ciertas palabras dentro de determinadas estrofas, puede dar un significado temático:

Heroica y sombría

> De haber nacido, haber
> nacido en otro sitio;
> por ejemplo, en Santiago
> de Cuba mismo.

> De haber nacido, haber
> nacido en otra España;
> sobre todo,
> la España del mañana.
>
> De haber nacido, haber nacido donde estoy:
> en la España sombría
> y heroica de hoy. (QTE 19)

Estos versos producen el efecto de un vuelo imaginativo en busca de una solución a un deseo problemático del autor donde, por un lado, debate el mero hecho de no querer haber nacido, y de otro, si ha de ocurrir el nacimiento, el lugar donde desea que éste suceda, para volver como un bumerang, al título simbólico de la "España heroica y sombría", de hecho, el lugar propio de su nacimiento, a la par que constituye igualmente el deseo velado del poeta, de no querer haber nacido en ningún otro lugar del mundo. Así vemos que la repetición de secuencias sirve para establecer una unión correlativa entre el deseo y el pensamiento del poeta en forma de círculo vicioso.

En otra ocasión, haciendo uso del paralelismo y empleando además la reiteración sonora, el poeta nos entrega uno de sus poemas de mayor belleza rítmica, pero que sirve también como ilustración de su propósito conceptual:

> E. L. I. M.[23]
>
> ¿Adónde irá la luz cuando decimos
> cierra los ojos, duerme, sueña, muere?
>
> ¿Adónde irá el amor cuando hace frío
> y el alma es hielo y el recuerdo, nieve?
>
> ¿Adónde van las olas que veíamos
> venir, subir, romper, desvanecerse?
>
> No seas ola, amor, luz, libro mío.
> Arde, ama, asciende siempre, siempre, siempre.
>   (QTE 48)

En cada verso de las tres estrofas primeras, el poeta crea un contraste entre una palabra focal, y las contenidas en el segundo verso. Por

---

[23] Estas iniciales significan, "En la inmensa mayoría".

ejemplo: la luz, que es llamada a desaparecer en cuanto se cierran los ojos, se duerme y sueña, o uno se muere. El amor y el íntimo calor sentimental que experimenta un ser que se siente amado, contrastando con el frío, el hielo y la nieve, símbolos de la falta de amor y del olvido. Las olas en su realidad visual, que en un movimiento innato acaban por desaparecer. Nótese también el perfecto vaivén simulado con los versos "venir, subir, romper, desvanecer". El poeta ruega a su poesía que no se condene a desaparecer convirtiéndose en "ola, amor, luz"; pero ello nos lleva a una antítesis de significado cuando pide a su libro que no se convierta en "ola, amor y luz", al mismo tiempo que le incita a "arder y amar". Se resuelve, no obstante, con la palabra reiterada "siempre", implicando una eternidad, que como ha ido explicando el poema, no poseen en su significado abstracto ni la luz, ni las olas, ni el amor, pero sí el efecto que estos sustantivos puedan producir en forma verbal, demostrando acción: "arder, amar, ascender".

En resumen, todo el poema implica una búsqueda inútil de valores fundamentales, simbólicamente representados, que puntualiza el poeta con el imperativo del último verso. Lo que intentamos hacer con este detallado estudio del léxico oteriano, es fijar la atención del lector ante el magisterio conceptual del poeta en el manejo del lenguaje.

Continuando con la suposición válida de que la reiteración estrófica se hace, no sólo con intención rítmica, sino de igual modo ideológica, copiamos "Cantar de amigo" que nos muestra plenamente lo indicado:

> Quiero escribir de día.
>
> Quiero escribir de día
>
> De cara al hombre de la calle,
> y qué
> terrible si no se parase.
>
> Quiero escribir de día.
>
> De cara al hombre que no sabe
> leer,
> y ver que no escribo en balde.
>
> Quiero escribir de día.

De los álamos tengo envidia,
de ver cómo los menea el aire.

(pág. 24)

Y con admiración dedicará "Canción" a Georgette Beauclair (ENEUL 77) contrarrestando su entereza y perfección moral con "la noche", simbólica de los peligros que la rodean:

Tú, incólume.
Tus quince años, torre de esbeltas, ágiles 'aiguilles':
alrededor, la noche.

Tú, incólume.
Mecida por una brisa que viene del centro de tu
    corazón (va y viene):
alrededor, la noche.

Tú, incólume.
Escogida entre muchas (así un cabello en las púas
    de un peine):
alrededor, la noche.

Alrededor, la noche.
En la ruleta del cielo ruedan, giran los astros
    (vertiginosamente):
Tú, incólume.

La reiteración estrófica sirve para recalcar cómo la jovencita pasa por la vida fuerte y lejana de toda corrupción.

Hay otro poema titulado paralelamente "Cantar de amigo" (ER, pág. 293), y es éste el que más nos llama la atención de todos aquellos donde se usa esta acción reiterativa. Parece significar una especie de trayectoria imaginativa por la vida del poeta, al ritmo acompasado del redoble de un tambor en una marcha fúnebre:

¿Dónde está Blas de Otero? Está dentro del sueño con los
    ojos abiertos.

¿Dónde está Blas de Otero? Está en medio del viento, con
    los ojos abiertos.

¿Dónde está Blas de Otero? Está cerca del miedo, con los
    ojos abiertos.

¿Dónde está Blas de Otero? Está rodeado de fuego, con los ojos abiertos.

¿Dónde está Blas de Otero? Está en el fondo del mar, con los ojos abiertos.

¿Dónde está Blas de Otero? Está con los estudiantes y obreros con los ojos abiertos.

¿Dónde está Blas de Otero? Está en la bahía de Cienfuegos, con los ojos abiertos.

¿Dónde está Blas de Otero? Está en el quirófano, con los ojos abiertos.

¿Dónde está Blas de Otero? Está en Vietnam del Sur, invisible entre los guerrilleros.

¿Dónde está Blas de Otero? Está echado en su lecho, con los ojos abiertos.

¿Dónde está Blas de Otero? Está muerto, con los ojos abiertos.
(ER 293 y 294)

En el sentido simbólico, la constante repetición "con los ojos abiertos" quiere significar que, en la subjetiva trayectoria por la vida oteriana, ésta se realizó de una forma enteramente perceptiva y sin haberse ofuscado ante apariencias engañosas. Nótese también la semejanza entre la primera y la última estrofa: "dentro del sueño", que simboliza la muerte y "Está muerto con los ojos abiertos".

Poemas sin puntuación

Entre los muchos recursos estilísticos que nos llaman la atención en Otero, tenemos los poemas escritos sin puntuación, o casi sin ninguna. Este estilo en particular viene ocurriendo desde EC y termina en QTE, no se encuentra en los últimos poemas publicados en ER, ni en las "Historias fingidas y verdaderas" dentro de este libro.

En el poema titulado "Guernica" (ENEUL, pág. 166), que aparece en EC con el nombre de "Caniguer", anagrama de "Guernica", no existe ningún signo ortográfico, exceptuando un par·de comillas:

>   Aquí estoy
>   frente a ti Tibidabo

```
            hablando viendo
            la tierra que me faltaba para escribir "mi patria es
                    también europa y poderosa"
            asomo el torso y se me dora
            paso sorbiendo roma olivo entro
            por el Arc de Bara
            de repente remonto todo transido el hondo
            Ebro
            a brazazos retorno arriba a ti
            Vizcaya
            árbol que llevo y amo desde la raíz
            y un día fue arruinado bajo el cielo
            Ved aquí las señales
            esparcid los vestigios
            el grito la ira
            gimiente
            con el barabay
            el toro cabreado directamente oid
            ira escarnio ni dios
            oh nunca
            oh quiero que no se traspapelen
            el cuello bajo la piedra
            la leche en pleno rostro el dedo
            de este niño
            oh nunca ved aquí
            la luz equilibrando el árbol
                                    de la vida.
```

La versión de ENEUL también tiene una cita en lengua vascuence, con el nombre de Picasso encabezándola y que quiere decir:

> Derrumbar el árbol - que habían pensado - en todo
> el país vasco - todos lo sabemos. —Ea! pues, pueblo-
> ahora tenemos tiempo; - sin dejarlo caer, - debemos
> esforzarnos. [24]

La falta de puntuación en este poema es doblemente significativa. Por un lado tenemos que con el resorte de la carencia de signos ortográficos, el poeta pretende indicarnos un estado imaginativo retroactivo o de "flashback", al que añade una serie de pensamientos e ideas que reflejan o cruzan por su mente, como relámpagos fugaces, de ahí que el poema no parezca tener sentido lógico, pero examinándolo

---

[24] Esta es la traducción que nos ofrece el libro ENEUL en la pág. 175.

con detenimiento nos descubre ciertos aspectos de carácter altamente simbólicos, como son, la observación panorámica de Barcelona desde el monte Tibidabo, ciudad que es sin duda en España una de las que más se acerca al ejemplo europeo: "mi patria es también europa y poderosa". Después se descubre una definitiva trayectoria, "viajo hacia tierras de Vizcaya / árbol que llevo y amo desde la raíz / y un día fue arruinado bajo el cielo". [25] El árbol de Guernica, simbólico además de la ciudad cuyo nombre aparece como título del poema. Sin embargo no nos apresuremos a aceptar rápidamente conclusiones, al parecer obvias, del significado del poema, donde hay una tajante crítica en contra de la intencionada destrucción de la ciudad vasca, cuyos habitantes fueron víctimas inocentes de las bombas alemanas en 1937. También Otero nos está hablando de la obra maestra de Pablo Picasso, conmemorando este despiadado acontecimiento y que el pintor, movido por la justa indignación causada por la matanza de la inocente población vasca, realizó en el corto espacio de un mes. Veremos cómo el poema oteriano sin puntuación, es también una representación impresa de la pintura picassiana.

Recordemos que una de las figuras principales del cuadro de Picasso representa un toro en una posición extraña, con el cuerpo derecho, pero vueltos la cabeza y el testuz en un ángulo de ciento ochenta grados aproximadamente, descrito por Otero como "el toro cabreado directamente". Otra figura primordial es la del niño muerto, con la cabeza echada hacia atrás, en brazos de una madre desesperada de angustia, el pecho de ésta directamente encima del cuerpo del hijo. Una de las manos de la criatura tiene la forma de un enorme dedo cortado como en cuatro rajas y otro al lado, de menor tamaño: "el cuello bajo la piedra / la leche en pleno rostro el dedo..." El poema, como la obra de Picasso, consiste en una serie de impresiones superpuestas mediante palabras sueltas, o frases cortadas, parecido a la impresión que nos causa el trozo angular, enérgico y tajante del pincel picassiano.

Otras veces, los poemas sin puntuación son como íntimos monólogos rememorando acontecimientos de la vida del poeta, o deseos frustrados o nostálgicos, y en ciertos casos, tiene un enorme valor simbólico, como en el poema discutido en otro lugar, "El mar suelta

---

[25] Recordemos la imagen del árbol, no sólo como representante del hombre, sino de la tierra también (ver PPP, pág. 55).

un párrafo sobre la inmensa mayoría" (QTE 59), donde se demostró una fuerte protesta social. Dentro de este mismo tema rebelde, encontramos "Litografía de la cometa":

> Otra vez
> debo decir he visto estoy cansado
> de ver
> herrumbre añil enjalbegada roña
> Hoy
> doce de agosto en la ciudad que nombro
> alzo la frente frente al mar no puedo
> más
> y voceo
> el silencio del hilo deslizado
> hacia el percal de la cometa tonta
>
> Otra vez
> tienes tierra palabra
> herramienta valor para enterrar un niño
>
> Hoy
> discuto con el mar estos jornales
> nunca
> subió tan bajo la común comida
> dan
> ganas de romper
> y rasgar
> el silencio del hilo deslizado
> desde el percal de la cometa tonta
>
> Otra vez
> tienen tierra postura
> andrajos de color para enterrar un niño.
> (págs. 168 y 169)

Nos parece que se omiten los signos ortográficos para acentuar en el monólogo interior la frustración sufrida ante una serie de injusticias inevitables.

Hay una ocasión en que la poesía resulta en una serie de palabras, especie de tiroteo intelectual, que se lanzan, aparentemente sin ton ni son, pero que, al contrario tienen un sentido específico:

> Abramos juntos
>
> Espacio
> libertad entre líneas

> o entre rejas
> plumas
> papeles palabras
> jadeantes
> este es mi sitio el aire silba
> una bala el
> día se
> tambalea
> un niño c o r r e
> arrastrando una lágrima
> espacio
> limpio
> íntimo sitio entre comillas hoy
> libre
> desnudo
> de ayer vestido de mañana.

Separemos unos cuantos vocablos y veamos lo que sucede:

> *espacio*   Como se dice, equivale a libertad, "entre líneas" (en la obra), o "entre rejas" (la censura), o la cárcel del escritor.
>
> *plumas*   Instrumentos que trabajarán en papeles, a su vez "palabras jadeantes", cansadas por el esfuerzo, pero libres, "el aire".
>
> *bala*   Dentro de esa misma libertad existe el peligro de la muerte: "el aire silba / una bala, el / día se tambalea", muere, como morirá la vocación del poeta.
>
> *un niño*   La esperanza en el hombre futuro, pero nótese que en la palabra "c o r r e", están espaciadas las letras, dándonos la impresión de titubeo, o de "palabras / jadeantes". Expliquemos: que no es muy probable realizar ese ideal por venir. El hecho de que el niño arrastre "una lágrima" confirma nuestra suposición.
>
> *espacio*   Volvemos al "espacio" simbólico de libertad innata, todo cuerpo ocupa un espacio que nadie le puede quitar, está "entre comillas", porque en el papel su libertad es muy limitada. "Desnudo de ayer", sin volver el rostro al pasado, olvidándolo, "vestido de mañana", de nuevo esperando un futuro "mejor vestido", por decirlo así.

Llegamos aquí a lo que creemos es un juicio certero, y es que, contrario a la mayoría de los poemas oterianos que el autor mismo admite le gusta se reciten en voz alta, [26] la poesía que carece de puntuación, consiste en un ejercicio intelectual entre el poeta y su público.

La colocación de palabras en algunos de sus poemas: su función.

Sabemos que algunos poetas, cuando escriben su poesía, colocan a veces el léxico poético en el papel transcrito de forma especial, y que lo hacen con fines preconcebidos, no siempre por capricho visual, sino más bien porque la posición determina el grado de comprensión que se quiere ilustrar en la sintaxis que expresan. [27] Podríamos comparar este matiz léxico al empleo de la onomatopeya, con sus propios fines fónicos.

En el ejemplo que sigue, cuyas primeras líneas se comentaron en otro lugar, no sólo Otero emplea la aliteración de palabras homófonas con intención rítmica, y omite los signos ortográficos, haciendo caso omiso de la puntuación cuyo significado ya hemos discutido, sino que la colocación de los términos ilustrados determina la comprensión que podamos relacionar con ciertos aspectos del poema en sí:

Españahogándose

Cuando pienso
en el mar es decir
la vida que uno ha envuelto desenvuelto
como
     olas
        sonoras
y sucedió que abril abrió sus árboles
 y yo callejeaba   iba venía
bajo la torre de san Miguel
o más lejos
       bajaba
las descarnadas calles de Toledo
pero es el mar
quien me lleva y deslleva en sus manos
el mar desmemoriado
donde estoy son las márgenes
del Esla los esbeltos álamos
amarillos que menea el aire

---

[26] Correspondencia con Otero. En contestación a la pregunta: "¿Escribe usted poemas principalmente para ser leídos o recitados?". Contestó el poeta: "Resultan mejor dichos en voz alta y ante un público no literario".

[27] Recordemos los extraños juegos surrealistas.

> no sé oigo las olas
> de Orio Guataria
> Elanchove las anchas
> olas rabiosas
> es decir la vida que uno hace
> y deshace
>   cielos
> hundidos días como diamante
> una guitarra en el Perchel de noche
> la playa rayada de fusiles
> frente a Torrijos y sus compañeros. (QTE 30)

"Envuelto desenvuelto", sin necesidad de comas, ya ejemplariza el movimiento del mar. Pero en seguida nos encontramos con:

> como
>   olas
>   sonoras

que necesariamente por su colocación ocasionan una pausa entre las palabras de por sí con similaridad fonética. También nos hacen el efecto de querer penetrar otra vez por la posición descendiente en el papel. Con la aliteración del verso: "y sucedió que abril abrió sus árboles", rompemos el efecto penetrante de las olas con la imagen de los árboles que las reciben.

La acción andariega del poeta se ilustra de igual modo, sin necesidad de puntuación, con la colocación de las palabras: "y yo callejeaba   iba venía" y, análogamente, la acción descendiente:

> o más lejos
>   bajaba
> las descarnadas calles de Toledo.

Hemos notado que, muy frecuentemente, la posición esquemática de palabras ocurre en los poemas sin puntuación, lo que creemos sirve aún más para reafirmar nuestra hipótesis, ya que la colocación de aquéllas tiene el propósito de dar más sentido a una obra literaria que si no se leería de seguido, sin ton ni son.

Al omitir la puntuación, el poeta tiene que hacer uso de otros recursos para mejor ilustrar su pensamiento y lo que quiere evocar, entonces es costumbre encontrar varios juegos retóricos en esta forma versificadora, y las imágenes también suelen ser muy descriptivas, lo que ayuda mucho a la mejor comprensión del poema. Veamos, en particular, un ejemplo en donde, con una aliteración muy perspicaz, el poeta nos quiere dar la impresión del viento revoloteando en el otoño:

>   No sé por qué avenida
>   movida por el viento de noviembre
>   rodeando
>   plazas como sogas de ahorcado
>   junto a un muro con trozos de carteles
> húmedos (QTE 168) [28]

Creemos que la posición de la palabra "húmedos" colocada hacia la mitad de la extensión horizontal del poema, evita la fluidez del mismo, dando lugar a un cambio de temática. Continúa el poema:

>   era en la noche de tu muerte
>   Paul Eluard
>   y hasta los diarios más reaccionarios
>   ponían cara de circunstancias
>   como cuando de repente baja la Bolsa
>   y yo iba solo no sé por qué avenida
>   envuelta en la niebla de noviembre
>   y rayé con una tiza el muro de mi hastío
>   como una pizarra de escolar
>   y volví a recomenzar mi vida
>   por el poder de una palabra
>   escrita en silencio
>
>   Libertad (QTE 169)

Sigue el poeta ambulando por las calles, ensimismado en su pensamiento. El final del poema nos indica cómo la trayectoria indefinida llega a un alto, cuando el hombre cambia su rumbo incierto ante la esperanza de ser libre. Nótese de nuevo la posición de la palabra cumbre, incluso escrita con mayúscula, "Libertad".

---

[28] En el mismo poema reproducido en ENEUL (pág. 151), la palabra "húmedos" no se encuentra en el mismo lugar en la página, pero en cambio la siguiente línea que empieza con "era", está a siete espacios del margen en donde comienzan todas las demás, que viene a resultar en la misma explicación que damos en nuestro estudio.

Palabras cortadas

Otro procedimiento que emplea Otero a menudo es el de cortar una palabra para continuarla en la siguiente línea. A veces separándola por medio de un guión, otras sencillamente separando las letras. Sin duda alguna no es Otero el primer poeta que se ha valido de este procedimiento, recordemos en el siglo pasado a Rosalía de Castro, o el mismo Juan Ramón Jiménez entre los más modernos, quienes a veces se servían de esta forma estilística. En ocasiones este recurso indica la posible interpretación binaria de una palabra o expresión, pero más a menudo se trata simplemente de un estilo personal, que no parece tener ninguna intención conceptual. Hay un poema, en forma de villancico, incluido en CE que comienza con uno de estos versos cortados:

>   Si nació en Belén, naci-
>   ó para darnos la vida,
>   a que sí.
>   Y si en una Cruz murió,
>   no sería, creo yo,
>   para abrirnos más la herida,
>   a que no. (Pág. 42)

¿Usa aquí este medio sólo por su valor fónico, o quiere darnos a entender algo con el verso "ó para darnos vida"? Existe la posibilidad de que se trate de un juego enigmático, o efectivamente quiere decir sencillamente que Cristo nació con el propósito de redimir a la humanidad. Nosotros no hemos podido llegar a una conclusión que nos satisfaga.

Varias veces con este procedimiento ha fraccionado Otero un adverbio, cuyo resultado ha sido un sustantivo y un adjetivo. Indicamos este sistema en otra ocasión, cuando discutimos algunas de las imágenes oterianas, y explicamos cómo el poeta se servía de este recurso para efectuar una posible explicación conceptual. Añadimos a lo anteriormente discutido unos ejemplos más:

>   Alzad la voz, alzadla muy suave-
>   mente: me encontraréis debajo, en alma
>   y cuerpo. Y por mi voz toman el aire
>   alas halando hacia la luz, airadas.
>   (AN 127)

EL ESTILO

Nótese, además de este proceso, la aliteración del último verso que semeja el efecto de la proyección en vuelo de la voz oteriana, y también el doble sentido que quiere dar Otero a la palabra "airada", como enojada y, refiriéndose de nuevo al tropo de "aire", como libertad, o sea "palabras libres".

Comprendidos en este mismo grupo, sobresalen por su ironía los versos que copiamos a renglón seguido:

>   Estamos todos? ¿O es que falta el cura?
>   Pues vamos a empezar discretamente.
>   Teníamos cada uno una pistola, cada uno la única,
>   y calibrábamos entre todos 365 milímetros.
>   Entonces fue cuando se infló la túnica.
>   Cada cual procuró defenderse como pudo.
>   Nunca una nuca
>   se cotizó tan alto, unos talones nunca
>   cupieron en un pie como aquel día.
>   Distracción absoluta-
>   mente inútil, sobre todo si se piensa.
>   (AN 120)

La fragmentación adverbial es quizás la más corriente:

>   Siéntense
>   todos, miren qué Europa más extensa
>   mente sangrada. ¡Dios, y que estos hombres
>   no quieran ayudarme! (ENEUL 109)

De forma enigmática:

>   Y dicen que le dijo un ángel (puro
>   tal un rayo): ¿Por qué, mujer, tu pena?
>   Ha resucitado como dijo. En a-
>   delante nadie sellará seguro.
>   (ENEUL 114)

El poema en que se distinguen estos últimos versos, se titula "A la resurrección de Cristo" y aunque en él abunda la ironía, no creemos que la fragmentación de sílabas o letras tenga un propósito irónico, sino más bien fonético. Como ocurre en este otro: "Las hojas de los sauces rozan suave- / mente tu blusa movida por la brisa" (ENEUL 158).

Aunque Otero no parece emplear esta división de palabras con su acostumbrada vena conceptual, hay unos versos en donde el simbolismo se hace patente:

> Entendámonos. Yo os hablo
> de un árbol inclinado
> al vien-
> to, a la fe-
> licidad invencida de la luz. (EC 146)

O sea, cambiando un poco la ortografía, "árbol inclinado al vien-", hombre inclinado al "bien", "a la fe-... invencida de la luz", visión optimista del futuro.

Además de todos los recursos estilísticos que hemos discutido en este capítulo, tiene Otero algunas particularidades suyas muy ingeniosas, que prestan gran interés a su modo de poetizar, por ejemplo: neologismos como "entimismada, alrededorizando, escucheando, mendicantemente", y la yuxtaposición de palabras que emplea para describir una relación con otra en su significado opuesto, "llama fría, ardientemente helada, friísimo fuego, agua seca", o palabras cuyo significado no encaja con la que acompañan: "río que vuela, nauta del viento, sordos de sed, famélicos de oscuro", y finalmente, sobre todo en su primera poesía, no tanto en QTE ni la posterior a este libro, el frecuente uso de la letra "z" con su fuerte sonido castellano, que ayuda a corroborar lo dicho por Joaquín González Muela, "Otero es el Vulcano de la poesía moderna española. Sintaxis a martillazos, pero bien hecha nada de chapucerías" (pág. 138), y Dámaso Alonso que encuentra en su poesía "cierta bronquedad, cierta hirsutez".

Es la suya una poesía áspera, parece esculpida en piedra, pero piedra española, así es fácil comprender cómo abundan en ella palabras de marcada fuerza fónica, tales como "ramalazos, trozo, pedazo, zarpazo, bandazo, manotazos, izar, rozar, trizados, brizar, atroz, puñetazo, hachazo, frenazos, ceniza, etc.

En ocasiones se ablanda su lenguaje poético, usando vocablos con este mismo sonido de la "z", pero que su significado suaviza: "rozar, regazo, esperanza", y, sobre todo, uno de sus preferidos, "paz".

En nuestro entusiasmo por demostrar el valor simbólico de la poesía de Otero, hemos alternado en nuestra investigación de los artificios retóricos, entre su importancia estilística y la conceptual. Han servido nuestras digresiones para reafirmar la magnitud y agudeza de las distintas fases del pensamiento oteriano que, aunque se realizan en diferentes métodos artísticos, todos ellos convergen dentro de un foco altamente poético.

CONCLUSIÓN

En el curso de nuestro trabajo, creemos haber mostrado la forma en que Blas de Otero se involucra en su poesía dándole un sello extremadamente personal, señalando cómo piensa y cuál es su sentimiento respecto al gran compromiso humano que se ha dictado como hombre y como poeta. Hemos fijado que su arte está concorde con todos los demás aspectos relativos a su personalidad, y que esta íntima asociación se refleja detalladamente en las particularidades de su obra.

Comenzamos por exponer lo más recóndito de su alma, expresando no sólo sus propios temores y preocupaciones, sino los de todo hombre que padece el terror de saberse transeúnte e internado en una esfera de millones de años, dentro de una creación cuyos comienzos, o fines, son incomprensibles para él. Dentro de este ámbito, se considera mitad divino, mitad humano, ligado a un Dios que le ha dado existencia con el sólo propósito de recrearse en él, o sencillamente ejercer su potestad y convertirle en esclavo de un deseo consumidor de conocerle.

Indicamos como Blas de Otero, queriendo librarse de esta angustiosa sensación de hombre a la deriva buscando un ancla divina, o simplemente porque reconoce la necesidad de entregarse a fines más telúricos, más relacionados con el aspecto físico de su vida, vuelve los ojos hacia una humanidad que, quizás como él, sufre las "iras del espíritu", pero que además considera ultrajada y dominada bajo el yugo impuesto por una fuerte injusticia social.

Su espíritu de hombre bueno y noble, se rebela ante tamaña acción usurpadora de derechos humanos innatos, como son, entre otros, la libertad y el deseo de vivir en un ambiente de bienestar pacífico y con adecuados medios económicos.

Hemos visto que, aunque la obra oteriana refleja su gran preocupación por la sufriente humanidad viviendo en un mundo caótico, indiferente a su dolorosa angustia, es sobre todo el pueblo español y su patria los que más interesan a Otero, y dentro de este conjunto, dirige particularmente su compasión, cariño e interés, hacia un cierto núcleo de seres humanos: el obrero.

Asimismo observamos que, de la misma forma que el trabajador manual usa sus herramientas para forjarse un porvenir, y el artista de las artes plásticas se vale del pincel o el cincel para expresar su inspiración creadora, así las palabras poéticas dentro del verso, componen la herramienta que nuestro autor emplea para realizarse como artista. Igualmente hemos puesto de manifiesto que su arte sirve también para llevar a cabo su compromiso como hombre, al cual se entrega en cuerpo y alma, encontrando en esta relación una nueva dignidad, superior a la anterior, en la cual se consideraba una sombra divina.

Dentro de la belleza artística del trabajo poético, comprobamos que los temas y los conceptos suponen la más notable aportación oteriana al campo de la poesía, y que, la mayoría de las veces, todos los demás recursos creadores, ya sean las imágenes, los símbolos, las metáforas, el estilo, tienen un propósito íntimamente relacionado con la temática, sirviéndose el poeta de su eficacia para modelar a su gusto las ideas que quiere transmitir y, relativamente hablando, imponer.

Concluimos por afirmar que, rara vez se ha dado en la poesía española un caso tan señalado como el de Blas de Otero, en el que el artista y el hombre se confundan en una perfecta unidad creadora, pues es su incólume y elevada humanidad la que el poeta nos transmite en su poesía, ejerciendo una seducción subyugante sobre nosotros, cuando reconocemos en la maestría de sus versos la magnitud del propio ser humano, que puede alcanzar altitudes de superioridad intelectual y artística, sin abandonar por ello su intrínseca y completa humanidad.

PUBLICACIONES OTERIANAS EN FORMA DE LIBROS, FOLLETOS Y CUADERNOS DE POESÍA

Cuadernos de Poesía *Albor,* Lauda, Pamplona, número 6, 1941.

Cántico espiritual, Cuadernos del grupo Alea, Primera serie, número 2, San Sebastián, 1942.

Ángel fieramente humano, Premio Adonais, 1949, pero no fue publicado hasta 1950 por la Colección Ínsula, Madrid.

Redoble de conciencia, Premio Boscán de 1950, publicado por el Instituto de Estudios Hispánicos, Barcelona, 1951. Estos dos libros también se encuentran incluidos en un solo tomo, publicado por la Editorial Losada de Buenos Aires en 1960, y que es al que nosotros nos hemos referido en nuestro estudio.

Antología (y notas), Vigo, 1952.

Pido la paz y la palabra, Cantalapiedra, Torrelavega, 1955.

Ancia, A.P. Editor, Barcelona 1958. Consiste en una fundición de *Ángel fieramente humano* y *Redoble de conciencia,* tomando para el título las dos primeras letras de "Ángel" y las tres últimas de "conciencia". Se han añadido en este tomo 48 poemas hasta entonces inéditos. También se han efectuado algunos cambios, como son algunas variantes en palabras o versos.

En castellano (Parler clair), Pierre Seghers, Paris, 1959. (Contiene una colección de poemas escritos en español y traducidos al francés).

En castellano, Universidad de México, 1960.

Con la inmensa mayoría, conjunto de *Pido la paz y la palabra* y *En castellano.* Esta edición contiene algunas variantes en los títulos de los poemas, colocación de los mismos, separación de versos, y alguna inclusión de poemas que no están incluidos en otras ediciones de las mismas obras. Publicado por la Editorial Losada, S.A. Buenos Aires, 1960.

Esto no es un libro, Universidad de Puerto Rico, Río Piedras, 1963. (El título está tomado de unas palabras de Walt Whitman: "...esto no es un libro. Quien vuelve sus páginas, toca un hombre"). Citado por Otero en las primeras páginas de la edición.

Je demande la paix et la parole, François Maspero, Paris, 1963. (Traducción al francés de *Pido la paz y la palabra*, con los poemas originales en español.)

Twenty Poems, chosen and translated by Hardie St. Martin, Sixties Press, Madison, Minnesota, 1964.

Que trata de España, Ruedo Ibérico, Paris, 1964.

Historias fingidas y verdaderas, Alfaguara, Madrid-Barcelona, 1970.

BIBLIOGRAFÍA

Agulló y Cabo, Mercedes. *La poesía española en 1961. Cuadernos bibliográficos VII.* Consejo Superior de Investigaciones Científicas. Madrid, 1963.
Alarcos Llorach, Emilio. *La poesía de Blas de Otero.* Ediciones Anaya, S. A. Salamanca, 1966.
Alonso, Dámaso. *Poetas españoles contemporáneos.* Editorial Gredos. Madrid, 1952.
Aub, Max. *Una nueva poesía española (1950-1955).* Imprenta Universitaria. México, 1957.
Barry, David. "Sobre el nombre poético en la poesía española contemporánea". *Papeles de Son Armadáns*, febrero, 1967, págs. 161-189.
Bleiberg, Germán. "Blas de Otero: Ángel fieramente humano". *Ínsula*, junio, 1950, págs. 4 y 5.
Bousoño, Carlos. "La poesía contemporánea y poesía post-contemporánea". *Papeles de Son Armadáns*, agosto, 1964, págs. 121-184.
——. "La poesía de Blas de Otero". *Ínsula*, noviembre, 1951, pág. 2.
——. "Un ensayo de estilística explicativa", *Homenaje Universitario a Dámaso Alonso*, Editorial Gredos, Madrid, 1970, págs. 69-84.
Cano, José Luis. *Antología de la nueva poesía española.* Editorial Gredos, Madrid, 1958.
——. *Antología de la lírica española actual.* Ediciones Anaya, Salamanca, 1964.
——. "La poesía de Blas de Otero". *Ínsula*, noviembre, 1958, págs. 8 y 9.
——. "El tema de España en Blas de Otero". *Ínsula*, abril, 1965, págs. 8 y 9.
——. *El tema de España en la poesía española.* Editorial Revista de Occidente, Madrid, 1964.
——. *Poesía española del siglo XX*, de Unamuno a Blas de Otero, Ediciones Guadarrama, Madrid, 1960.
——. "El tema de España en la poesía española contemporánea. Una generación que canta a la patria". *Revista La Torre*, enero-marzo, 1961, páginas 51-79.
——. "Viraje de la poesía". *Revista La Torre*, enero-junio, 1953, págs. 165-169.
Castellet, José María. *Un cuarto de siglo de poesía española.* Editorial Seix Barral, S. A., Barcelona, 1966.
Ciehjauskaite, Birute. *La sociedad y la poesía española contemporánea.* Colección Ínsula, 1962.
Cohen, John Michael. *Poetry of this Age.* Hutchinson of London, 1968.

Couffon, Claude. "Rencontre avec Blas de Otero". *Les Lettres Nouvelles,* mars, 1959, págs. 20-21.
Durán, Manuel, y Federico Álvarez. *Voces españolas de hoy.* Harcourt, Brace and World, Inc. New York, 1965.
Gamoneda, Antonio. "Poesía y conciencia". *Ínsula,* diciembre, 1963, pág. 4.
González Muela, Joaquín. "Un hombre de nuestro tiempo: Blas de Otero". *Revista Hispánica Moderna,* abril, 1963, págs. 133-139.
——. "El tema de la amada entregada pero desconocida en la poesía española contemporánea". *Clavileño,* mayo-junio, 1956, págs. 45-48.
Grande, Félix. *Apuntes sobre poesía española de posguerra.* Cuadernos Taurus, Madrid, 1970.
Gullón, Ricardo. "Saludo a un joven poeta". *Cuadernos Hispanoamericanos,* mayo-junio, 1950, pág. 519.
——. "La joven poesía española (en torno a una Antología)". *Ínsula,* septiembre, 1952, págs. 1 y 5.
—— and George D. Schade. *Literatura española contemporánea.* Charles Scribner's Sons, New York, 1965.
Ifach, María de Gracia. *Cuatro poetas de hoy: José Luis Hidalgo, Gabriel Celaya, Blas de Otero y José Hierro.* Taurus, Madrid, 1960.
Jiménez, José Olivio. "El tiempo de la poesía actual". *Ínsula,* enero, 1965.
——. "Nueva poesía española". *Ínsula,* noviembre, 1970, págs. 1, 12 y 13.
Nora, Eugenio de. "Sobre la nueva poesía española. Situación y promociones actuales". *Humboldt,* Hamburgo, 1960.
Núñez, Antonio. "Encuentro con Blas de Otero". *Ínsula,* Madrid, junio, 1968.
Rangel Guerra, Alfonso. "La poesía de Blas de Otero". *Humanitas,* Anuario del Centro de Estudios Humanísticos, Universidad de Nuevo León, Monterrey, agosto, 1960.
Ribes, Francisco. *Antología consultada de la joven poesía española,* Santander, 1952.
Rodríguez-Puértolas, Julio. "Blas de Otero o la voz de España". *Norte,* mayo-junio, 1969.
Saint Martin, Hardie. *Blas de Otero, Twenty Poems.* The Sixties Press, Odin House, Madison, Minnesota, 1964.
Senabre Sempere, Ricardo. "Juegos retóricos en la poesía de Blas de Otero". *Papeles de Son Armadáns,* agosto, 1966, págs. 137-150.
Tijeras, Eduardo. "De la imposibilidad del poema y sobre los jóvenes poetas". *Cuadernos Hispanoamericanos,* agosto, 1969.
Torrente Ballester, Gonzalo. *Panorama de la literatura española contemporánea.* Ediciones Guadarrama, Madrid, 1961.
Uceda, Julia. "Presupuesto para una nueva poesía española". *Ínsula,* abril, 1962, pág. 7.
Valbuena Briones, A. "Redoble de conciencia-crítica de la obra". *Clavileño,* septiembre-octubre, 1952, pág. 74.
Vivanco, Luis Felipe. "La poesía del futuro". *Cuadernos Hispanoamericanos,* junio, 1965, págs. 464-479.

APÉNDICE

A modo de explicación...

Nos vemos en la necesidad de añadir este apéndice a nuestro estudio de la obra poética oteriana, pues cuando ya considerábamos cumplido nuestro trabajo crítico, llega a nuestras manos un nuevo libro del autor, *Mientras,* aparecido en Zaragoza el 22 de diciembre de 1970.

Ésta, que según creemos es definitivamente su última obra hasta la fecha actual (julio de 1972), no nos ofrece un enfoque distinto del que hemos venido efectuando, sino que más bien representa una recopilación de, precisamente, casi todos los aspectos discutidos y apuntados anteriormente. Unos llevados al ápice de su expresión, otros velados, pero no obstante dentro de lo escrito. Por lo tanto nuestra investigación se hará de modo similar al que empleamos hasta ahora, dividiéndola principalmente en temas y estilística, con sus propias subdivisiones.

Como nota preliminar, es interesante observar que el libro carece de paginación, sólo contiene cuatro secciones tituladas: "No la estudien", "...y barajar - dijo Sancho", "Historias y cuentos", y "Muerteyvida", cada una de las cuales a su vez está clasificada en un determinado grupo de poemas y varias de ellas, fragmentos de prosa, tomados, según se explica al final, de *Historias fingidas y verdaderas,* libro al que se hace mención en nuestra bibliografía y en el texto de nuestro estudio anterior.

En las últimas páginas del tomo *Mientras,* el editor nos ofrece lo que llama una "Secuencia", en donde cita los títulos de los poemas contenidos en cada grupo individual, y explica incluso dónde se encuentran en el libro, enumerándolos de una página a otra, a pesar de que estos números no están en realidad impresos, y el lector tiene por fuerza que imaginarlos. Puede que éste sea un capricho editorial, pero también cabe que represente un deseo oteriano, donde señala ciertas épocas de su vida que no quiere identificar en forma prosaica ni precisa, sólo imaginativa.

Nosotros, con el propósito de facilitar la lectura de este colofón, cuando tengamos necesidad de citar ciertos pasajes del libro en cuestión, optaremos por poner a continuación el título del poema donde se encuentran.

Temas

Lo primero que llamó nuestra atención cuando leímos *Mientras,* es la pronunciada subjetividad que existe en toda la obra. Algunos versos inclusive, sobresalen al revelar la íntima personalidad, pensamiento y sentimiento oterianos. Asimismo nos impresionó la nota de punto final o despedida, que parece comunicarse a través de los poemas. Es decir, como si las últimas páginas del libro de poesía fueran también las últimas páginas del libro de la vida del poeta:

>   DENTRO DE POCO MORIRÉ.
>   El zafarrancho de mi vida
>   toca a su fin. El alma está partida,
>   y el cuerpo a punto de partir. Lo sé.
>   (penúltima palabra)

Esta imagen simbólica en donde el hombre se mezcla y se adentra en su poesía, hasta que parecen formar una sola entidad, no debe extrañarnos, pues sabemos de antemano la unidad que existe entre Otero y lo que escribe. La "tinta" poética es como la sangre de su vida vertida en sus libros; así tiene un poema titulado "siemprevivos" que es un homenaje al papel, y que encabeza con las siguientes palabras:

>   aunque echen mi cuerpo al mar, o
>   avienten mis cenizas, ahí quedo, por
>   mucho que os pese, tendido a lo lar-
>   go del papel

y los versos,

LAUDE AL PAPEL POR ESTO Y POR AQUELLO,
por este y por aquel poema que escribí,...

laude al papel que inscribió mi partida de nacimiento,
mi mentira más grande y mi verdad a medias,
la historia de mi vida y el relato de mi muerte,...

laude al papel por soportar el peso de mis sonetos,
el viraje de mis coplas y el papalote de mi verso libre,
viva el papel incluso en mi certificado de defunción,...

laude al papel andamio de mi pluma,
papel de plata, papel de estaño, papel apenas visto entre
          dos sombras:
mis ahoras siempre vivos.

En otra ocasión nos dice:

   LA HISTORIA DE MIS LIBROS ESTÁ ESCRITA
   claramente en mis libros.

      Mis libros fluyen
   a compás de mi vida. Mi palabra
   a compás de los años: va variando
   por sí misma, sucediéndose
   y revolucionándose. He llegado
   hasta aquí: estas hojas
   en que hablé con entera libertad
   de todo, de todo al mismo tiempo,
   liberando
   el pensamiento, la imaginación
   y la palabra.
        (liberación)

Dentro de esta marcada subjetividad nos interesa también el recorrido de su vida, que de nuevo hace Otero, volviendo a su niñez y a sus años mozos:

HABÍA UNA VEZ UN NIÑO QUE TENÍA UNOS OJOS MUY GRANDES
   y unas manos muy dibujadas.
A este niño lo mandaron al colegio y se le llenaron los ojos de
                  tristeza y
   los dedos también de tinta y de tristeza.
El niño fue creciendo por las calles de Madrid,...

Un día, conoció a una muchachita y los dos sonrieron como sólo
                                                             saben
       sonreír los niños y la flor del almendro...

Pasaron los años y vino la guerra con cara de malo de cine, pero
         incendiando de verdad los edificios más bonitos del niño
                                                          ya era un
       joven en edad militar, pero todavía no me han explicado
                                                       cuando ni
       cómo se realiza esta absurda sustitución de la acera de
                                                       enfrente.

Al ir llegando al final de su vida, recorrió Cuba en guagua,
                                                        otras veces
       en avión y otras, incluso en las máquinas del ICAP.
       Se puso moreno, se blanqueó su sonrisa....
                                                    (cuento)

Igualmente persistente es el recuerdo de la tierra de su nacimiento, entrando en sus versos otra vez ese sentimiento, mezcla de amor y de odio, hacia Bilbao, ciudad "adusta y beatona", que tanta angustia debió causarle siempre. Escribe un poema "morir en bilbao", en donde relata su interés y su aprecio hacia otras ciudades, Madrid, Moscú, Pekín, La Habana, pero teniendo en cuenta que "...la verdad es que amo Moscú más que a mi brazo derecho; / pero Bilbao soy yo de cuerpo entero".

Más tarde nos ofrece esta despedida:

BILBAO. ME VOY YA PRONTO,
y no sé si volveré.

Te padecí hasta el ahogo,
Bilbao: tu cielo, tus casas
negras. Y tu hipocresía;

Quemaste mi juventud
como un trapo viejo. Un día.
me rebelé. Vi y volví.

Me laceraste hasta el fondo
del alma. Me arrebañaste
la ilusión: no el entusiasmo.

.........Si muero,

dejaré el balcón abierto:
no sé si en Cuba, en Madrid,
en Moscú, en París. No sé

dónde. Pero lo que sé
seguro, es que me voy. Y
no volveré.

De gran interés para seguir profundizando en todo lo referente al poeta, es la introspección encontrada dentro de un poema en el que Otero nuevamente se vale de un desdoblamiento de su personalidad, yendo a parar al origen de su vida:

ESTE HOMBRE
es Blas de Otero. Pocas veces ha caído el dado y quedado
                                                                de canto,
como aquí. Este hombre
es muy serio.
Su frente muestra un profundo surco
en forma de labio.
Este hombre no habla,
no contesta,
no se da por vencido
jamás.
Me está mirando,
está mirando a Blas de Otero:
en medio de los dos
hay quince años como zanjas de mina,
como galerías quebradas; a través de ellas ambos hombres
                                                                  avanzan
con una luz roja en la mano,
y
en este momento,
en este momento las dos luces se juntan y brota un haz de
                                                                       luz
        anaranjada,
hendiendo años y noches y años hasta hundirse en la matriz
del día
15 de marzo de 1916.
                                  (una luz anaranjada)

El hombre de antaño, sobre todo el de los primeros poemas, donde la rebeldía, la lucha contra la exterminación del ser que representa la muerte, eran tan patentes, vuelve a surgir en unos versos en los que nos comunica su ansia de vivir, y el amor que tuvo a la vida. Él mismo sugiere que ya todo se acabó, que sus experiencias pertenecen al pasado, cuando se expresa, como ocurre siempre que quiere dar este mismo significado de conclusión, en el pretérito.

> Amé la vida, sin embargo.
> Bien sabes tú que la amé mucho.
> Aunque me expulsen de la vida, lucho
> aún. Ancho el amor y el dolor largo.
> (penúltima palabra)

El tema de la muerte se intercala aquí dentro del subjetivismo oteriano. Ahora sin embargo, no lo ve como una cosa objetiva, sino que lo aplica concretamente a sí mismo, a su cercana posibilidad, de ahí que digamos que el libro nos recuerda a una despedida:

> Vida brava la mía: cierzo fuerte,
> tenaz llovizna, pésimo horizonte:
> no me pesa el amor, pésame el monte
> del desamor: alrededor la muerte.
>
> Doy señales de vida al enemigo
> y sigo halando infatigablemente,
> acercando a la tierra el horizonte.
>
> Última etapa que acometo y sigo,
> sigo, sigo, subiendo airadamente
> hacia la luz suavísima del monte.
> (que nunca me veía)

Notemos las últimas palabras, que podríamos tomar como una señal de esperanza y de fe en otra existencia más allá de la que nosotros conocemos y experimentamos, a no ser por los versos a continuación que son parte de un poema citado anteriormente y que hablan otra vez con gesto esperanzado, pero esperanza basada más bien en la esencia de ser hombre y lo que ello supone bajo el punto de vista físico y moral, y no una experiencia metafísica:

> He caminado junto al hombre.
> Participé sus arduas luchas.
> Muchos han sido los fracasos; muchas
> más las conquistas que no tienen nombre.

Dentro de poco moriré.
Aquí está todo mi equipaje.
Cuatro libros, dos lápices, un traje
y un ayer hecho polvo que aventé.

Esto fue todo. No me quejo.
Sé que he vivido intensamente.
(Demasiado intensamente.) Enfrente
está el futuro: es todo lo que os dejo.
                (penúltima palabra)

En este ejemplo podemos distinguir fácilmente otro de los temas más comunes, y nos atrevemos a decir, el más importante en la obra oteriana, su antigua entrega y compromiso a favor de toda la humanidad. Incluso tenemos su primera aportación al libro, tres párrafos escritos en prosa, en donde arremete irónicamente a la literatura, por no interesarse principalmente en la "gente":

Y ¿qué me dices del estructuralismo, la estilística y los siete sabios de Grecia?

Yo no me meto con nadie, únicamente que necesito escribir a mi familia (ya tú sabes: la gente) de vez en cuando.

...además te doy un buen consejo:
no juzgues nunca a este hombre a
quien la literatura le interesa tanto
como pasear en yate los domingos.
                (No la estudien)

Y hablando de la facción demagógica que puede y debe encontrarse dentro de la composición poética:

LA POESÍA SEÑORES
se ha volteado tira al blanco trata
de tú a tú al negro al amarillo
ah poesía al fin salió vistióse
simplemente de hombre
se restregó las manos escupió
al pie del papelucho
y dijo de esta manera

> soy más valiente que tu
> manera de hacer poemas
> (oigan la historia)

La paz, aunque ahora no se menciona con tanta frecuencia como en otros escritos, sigue siendo una de sus preocupaciones constantes: "Y sigo pidiendo la paz y, de momento, me la conceden en parte; y la / palabra, y me mutilan la lengua" (ergo sum). Vemos también la importancia que tiene su deseo de completa libertad, sobre todo de expresión, siendo "la palabra", lo mismo que antes, uno de sus vocablos preferidos.

En una de las primeras páginas de *Mientras,* encontramos unas líneas escritas del puño oteriano, es decir, aunque fotografiadas o impresas, no son de máquina, sino de su propia caligrafía, lo que demuestra aún con más fuerza el sentido personal que se quiere transmitir. Dicen: "Mientras haya en el mundo / una palabra cual / quiera, habrá poesía". Notemos los ecos reminiscentes de Gustavo Adolfo Bécquer: "Mientras exista una mujer hermosa, / ¡habrá poesía!"[1]

El tema de España es uno que en tiempos pasados llegó a tener un importante significado en la temática oteriana, pero ahora no parece relacionarse nada más que indirectamente con las inquietudes del poeta. Señala al país como su patria, pero sólo a la ligera y sin ningún sentido simbólico particular. Únicamente en una ocasión en forma de queja:

> Nací en España, y en España apenas
> engendra la razón sino hórreos sueños
> y lo que existe, existe a duras penas.
> (historias fingidas y verdaderas)

De igual modo es curioso notar que no se hace una sola mención en todo el libro ni de Dios, ni de ninguna clase de religiosidad, ni siquiera en forma irónica o invectiva.

Existe un aire de tristeza y soledad por toda la obra, pero no podemos clasificarlo estrictamente bajo un título temático, pues no se encuentra lo suficientemente dibujado para otorgarle esta nomenclatura. En cuanto a otros temas de tono menor que se discutieron en

---

[1] *Obras completas* (Afrodisio Aguado, S. A., Madrid, 1949), pág. 829.

nuestro estudio anterior, tales como "el amor sensual y el marxismo", encontramos dejos de ambos, pero tampoco conviene elevarlos a la categoría de temas, ya que únicamente hay indicios de que perdura un interés relativo del poeta por estos aspectos anteriores.

El estilo

Convendría recordar la importancia que ciertas imágenes centrales tuvieron en la poesía oteriana discutida anteriormente, entre otras el mar, el aire, el árbol y el río, para contrastarlas con su breve aparición en *Mientras*.

Aunque es cierto que varias de ellas aparecen en mayor o menor grado en los poemas contenidos en esta obra, aparecen más bien en su sentido literal, y no creemos que su escasa representación simbólica sea un buen ejemplo figurativo en esta poesía particularmente. Considerando este aspecto, hemos de hacer una excepción en cuanto a su semejanza con lo escrito en otros tiempos, y lo que nos ofrece Otero en la actualidad. Pero tengamos en cuenta que no fue éste un atajo repentino, sino que ya observamos una disminución gradual a través de su poesía, empezando por un empleo constante en los primeros poemas, y su contada aparición en los contenidos al final de su antología *Expresión y reunión*, que incluye poemas escritos entre 1968 y 1969. Solamente llama la atención de manera especial, la imagen del "aire", que persiste en su simbolismo como libertad:

> QUE NADIE
> cierre los ojos. Júbilo en el aire.
>
> Que nadie
> abra los ojos. Pájaro amarillo
> y verde.
>
> Salga la xionera saludando
> en rojo.
>   (círculo de los ferrocarriles)

Quejándose de lo poco que ha podido escribir desde su regreso a España:

ALABADO CUANTOS POEMAS ESTÁS ESCRIBIENDO DESDE QUE
REGRESASTE A ESPAÑA.
Puede ser que por cambiar de aire.
Puede ser que por falta de aire.
(jimaguas)

No obstante su escueto uso ahora, sí queremos mostrar, mediante unos ejemplos ilustrativos, cómo la maestría oteriana continúa sobresaliendo dentro de otra forma estilística de parecida filiación, la metáfora: "Laude el papel... por su célula de madera y sus manos de molino" (siemprevivos), "Contigo, el mar desliza plácidamente su *electrolux* sobre la arena...," (en par), "líneas sobrias / como el pan," (serenen), "otras veces voy al cine, que es como / un río retratado," (y yo me iré). Notemos en este último ejemplo dos cosas: "el río", en su antigua acepción simbólica de vida, y el título revelador del poema, que afirma una vez más la nota de despedida que comentamos en otra ocasión.

También nos incumbe mencionar dentro del estilo oteriano empleado en esta obra, la falta de puntuación ortográfica, pero que sólo ocurre en dos poemas y en algunos fragmentos de prosa. De igual modo interesa la carencia de mayúsculas (todos los títulos de los poemas están escritos con minúscula), donde, gramaticalmente hablando, deberían aparecer. Caprichosa ortografía que creemos quiere representar un alarde despectivo hacia reglas dogmáticas del uso de la lengua castellana:

>...he venido volando hasta el caribe
>a aprender el *abc*
>de c u b a a cosechar palabras
>perdidas en la historia esa de los conquistadores [2]

como también una disminución de importancia:

>Luego,
>cántico espiritual o mejor dicho
>un entretenimiento en una fábrica.
>Y ¿para qué seguir?...
> (liberación) [3]

---

[2] Estos versos se hallan en el poema "oigan la historia" que tiene como tema la importancia de la poesía del pueblo y para el pueblo.

[3] Refiriéndose a su propio cuaderno de poesía. Recordemos cómo en nuestro primer estudio de la poesía oteriana, mencionamos la insistencia del autor

Reiteración, aliteración y otros recursos estilísticos.

Entre todos los recursos estilísticos que emplea Otero en el libro que estamos analizando, sobresalen la reiteración y la aliteración, sobre todo la última. Raro es el poema en donde no se encuentra esta figura retórica. Escogemos algunos ejemplos:

>dice palabras despaciosas, de repente
>aparece un pájaro: *el tocoloro,*...
>   (oigan la historia 2)
>
>Oigo las luces,
>
>   las diviso
>casi de seda, entre la sombra. Salen,
>entran entre la sombra sonrosada,
>a cuyo son
>el hilo telegráfico más firme
>imitan con los diábolos divinos.
>   (circo de los ferrocarriles)
>
>ESTAS HISTORIAS QUE SE ACERCAN TANTO
>a la verdad, son puro fingimiento:
>no ostentan otro firme fundamento
>que la verdad que veo y toco en cuanto
>
>escribo y finjo que soñé...
>   (historias fingidas y verdaderas)
>
>un ancho pedazo de uralita, un grueso clavo roñoso, una cinta en la cintura de una niña...
>   (materia)
>
>trozos trizados de picasso trenzan, destruyen la tragedia
>   (ibíd.)

En cuanto a la reiteración, además de su importancia fónica, y la tiene muy especialmente, parece tener también un sentido simbólico, en donde el autor transmite su natural tesón en efectuar, o cambios que desearía ver, o proyectos a favor de derechos civiles que quiere

---

de no querer que de ninguna manera se discutiera este trabajo suyo (pág. 28). Por lo tanto no es difícil comprender el tono irónico de los versos, sino que asimismo comprueban lo antedicho.

se realicen, o simplemente demuestra su tenaz fuerza moral y fe en el hombre y en los ideales que desearía ver establecidos, como la paz y una verdadera justicia social, que son de los que más le preocupan.

Citamos otra vez unos versos que comentamos al discutir el tema actual de la muerte personal de Otero, pues ilustran perfectamente las observaciones que acabamos de hacer. Aunque la reiteración ocurre al final del poema, conviene meditar en la introducción simbólica que la precede:

> Vida brava la mía: cierzo fuerte,
> tenaz llovizna, pésimo horizonte:
> no me pesa el amor, pésame el monte
> del desamor: alrededor la muerte.
>
> Doy señales de vida al enemigo
> y sigo hablando infatigablemente,
> acercando a la tierra el horizonte.
>
> Última etapa que acometo y sigo,
> y sigo, sigo subiendo airadamente
> hacia la luz suavísima del monte.
> (que nadie me veía)

Encontramos primero la valentía del hombre, "vida brava la mía", que no se apabulló por amenazas o contratiempos, "Doy señales de vida al enemigo", resultando en una persistencia indiscutible de realizar sus ideales, aunque el futuro pareciese pesimista, "cierzo fuerte, / tenaz llovizna, pésimo horizonte", "...y sigo halando infatigablemente". Su fe y esperanza en la humanidad nunca han desfallecido, "acercando a la tierra el horizonte". Lo que le entristece es la poca caridad que existe en el mundo, "no me pesa el amor, pésame el monte / del desamor", pero siempre la muerte acechándole, "alrededor la muerte". Todo el efecto simbólico discutido llega a un climax con la reiteración del verbo seguir: "Última etapa que acometo y sigo, / sigo, sigo subiendo airadamente / hacia la luz suavísima del monte". [4]

Otro ejemplo en la misma vena simbólica:

> y voy a llorar pero de repente me pongo terriblemente
> serio

---

[4] Nótese también cómo, sobre todo en la segunda estrofa, se consigue una interesante aliteración fónica.

y violento
y dispuesto a todo.
menos a morir de balde,
menos a morir en Bilbao,
menos a morir sin dejar rastro de rabia, y esperanza
                                              experimentada,
    y hasta luego y palabra repartida.
                    (morir en bilbao)

Con la ayuda de la aliteración, consigue un efecto onomatopéyico:

¿Qué hacéis por ahí arriba? Pobres diablos, venid
a ver la función: sentaos tras la ametralladora.
                ...Todos.
Tirad tirad tirad tirad tirad porque de todos modos vais
                                              a morir.
                    (una especie de)

O sencillamente se sirve de palabras reiterativas por su interés fónico. Aún entonces su mensaje simbólico sobresale:

UNA VEZ MÁS, AMANECE.
Pasó la guerra, pasó la enfermedad, el hambre, pasó la
                                              mano
por el muslo de Antonia y lo encontró semejante al alba,
jugoso como el alba,
abierto como el alba,
suave como el alba.
Una vez más, amanece.
Cayeron ciudades, cayeron B-12, zares, ciclistas
y la rueda quedó girando como la luna,
plateada como la luna,
redonda como la luna,
hollada como la luna.
Una vez más, amanece.
Sucedieron naufragios, sucedieron problemas, muerte, suce-
        dieron los nietos,
y la humanidad siguió impasible refugiada bajo el alba,
invulnerable como el alba,
pálida como el alba,
indemne como el alba.

Una vez más amanece (indemne)

Comenta sobre el mundo apocalíptico en que vivimos, "guerra, enfermedad, hambre", y los sucesos que su miseria acarrea, "Cayeron ciudades, cayeron B-12, zares, ciclistas", "Sucedieron naufragios, sucedieron problemas, muertes, ..." pero el hombre continúa ajeno a la visión catastrófica que divisamos en el futuro, "y la humanidad siguió impasible refugiada bajo el alba". Termina el poema dando otro significado al "alma", como "amanecer" o el despertar al nuevo día, la esperanza propia del poeta que siempre le acompaña: "Una vez más, amanece".

La reiteración estrófica, o la que preludian versos consecutivos y que también se halla repartida por el libro, sirve para relatar acontecimientos vividos o personales, como un monólogo discursivo donde el poeta se interroga a sí mismo:

CONTIGO, EL AIRE ENTREABRE LÍNEA A LÍNEA LOS LABIOS.
(El aire está enfurruñado en este mundo puñetero que nos
 ha tocado en
turno.)
Contigo, las ciudades se llenan de compañía y de silencio
 y de miradores.
Las ciudades decrépitas, las locas, las crepitantes
 ciudades de nuestro
tiempo.)
...Contigo la casa sosegada, en par de los levantes de la
 aurora, el silbo
de los aires sucesivos.
(La casa tantos años tanteada entre la niebla, el espejismo
 de una vida
surgiendo de pronto ante una pared enjalbegada.)
Contigo, la vida tan parecida a la muerte en la misma
 proporción en que
la muerte semeja y se hace y restalla vida.
 (en par)

También Otero es un gran maestro en el empleo de voces paronímicas que maneja de forma muy conseguida, resultando en un interesante ritmo fónico, no sólo en vocablos enteros, sino en ciertos sonidos aliterados que se encuentran dentro de las palabras:

...vi tanto,
tanta realidad se llevó el viento,
que imaginé ya fútil aspaviento
vida, sueño, verdad, historia, espanto.
 (historias fingidas y verdaderas)

Cómo pisar, así,
así,
sin que se caiga el diábolo volante,
el diábolo diabólico,
asiendo la sonrisa, desenredándola,
oscilando
los giros y los giros de los diábolos.
                    (circo de los ferrocarriles)

y finalmente:

nos movemos siempre entre situaciones límite, pero yo limito sólo con el
viento   (que nadie me veía)

A veces ocurren casos de retruécano, casi siempre con su acostumbrado sentido irónico:

claro, la sociedad de consumo es la
que consume a la sociedad
                (o nos salvamos todos, o que se hundan
                                                    ellos)

En varios de los poemas, el autor lleva a cabo su ya comentado propósito simbólico de colocar ciertos vocablos en caprichosa distribución en el papel de imprenta; o por medio de otros métodos, como sucede cuando en los siguientes versos espacia las letras para sugerir elasticidad:

...y se recuerda que jamás se me hubiera ocurrido en otros
                                                    tiempos
una rima tan espontánea y elástica como
e s t a ,
            (o nos salvamos todos, o que se hundan
                                                ellos)

y éstos que significan amplitud de criterio:

en un poema si lo sostiene su ritmo intransferible
p o e s í a b i e r t a
a toda forma y todo fondo y todo cristo
                            (ibíd.)

Falta sólo mencionar las citas ajenas, alusiones indirectas o incluso citas tergiversadas, de que gusta servirse Otero, y su predilección por lo castizo. Ahora las primeras son más bien empleadas de forma irónica, burlona o con gracia castiza:

> Sentado en la banqueta de madera, sobre la mesa de pintado
> pino
> melancólica luz lanza un quinqué,
> según atestigua Espronceda.
> Interesante muchacha la Teresa, que se ganó un apasionado
> camafeo de
> octavas reales
> que no se las salta un torero.
> Espronceda poeta social de las cocinas y de las barricadas.
> Bravo Espronceda, delicada media verónica de Gustavo
> Adolfo Bécquer.
> Dios mío, qué solos se quedan los muertos.
> Un muerto en la cocina es algo perfectamente serio.
> (el obús de 1937)

> ...no digáis
> que enmudeció la elvira agotado su tesoro,
> seamos serios
> hasta el final.
> (o nos salvamos todos, o que se hundan ellos)

En cuanto a su afición por el pueblo y su léxico, lo hemos podido ver a través de muchas citas, y lo continuamos comprobando en el simbolismo que se da a los siguientes versos, donde la "cocina", el cuarto donde, por lo general, a pesar de su importancia como centro vitalicio en el cual se prepara el sustento de la vida, es también la habitación más vulgar y corriente de toda la casa:

> He escrito muchos poemas en la cocina
> y, por poco, casi he rezado en la cocina.
> (el obús de 1937)

> ...*Que se nos va la pascua, mozas,*
> *que se nos va.*
> (morir en bilbao)

> A los 52 años, chufas...
> ¡Mecachis,
> se va a caer, el gran jarrón azul...
> (circo de los ferrocarriles)

> no hay más base que
> ésta, las otras, que se las lleve el
> diablo cantando por soleares,...
> > (historias y cuentos)

Punto final

En este estudio tenemos comprobado que las preocupaciones primordiales oterianas, meollo constante de su obra poética, continúan siendo las mismas. Si no se encuentran francamente expuestas, están esbozadas, o sugeridas por una colección de datos, advertencias, y de cuando en cuando, una palabra o verso, que implican una serie de divergencias, pero que acaban uniéndose en la última meta: un hombre integrado con la tierra que nos alimenta, y que será cuna de nuestros cuerpos, y resurrección nuestra en nuestros descendientes. Un hombre entregado, no sólo al deseo, sino también a la lucha a favor de la paz, la hermandad, el amor y la comprensión humanos:

> Contigo, la vida tan parecida a la muerte en la misma proporción en
> > que la muerte semeja y se hace y restalla
> > > vida. (en par)

> DEJO UNAS LÍNEAS Y UN PAPEL EN BLANCO
> Líneas que quiero quiebren la desesperanza.
> Líneas que quiero despejen la serenidad.
> Líneas que balanceen el reposo.
> Líneas sobrias
> > como el pan.
> > Cuando me lean dentro de treinta años,
> > de setenta años,
> > que estas líneas no arañen los ojos,
> > que colmen las manos de amor,
> > que serenen el mañana.
> > > (serenen)

NORTH CAROLINA STUDIES IN THE ROMANCE LANGUAGES AND LITERATURES

I.S.B.N. Prefix 0-88438

Recent Titles

THE NOVELS OF MME RICCOBONI, by Joan Hinde Stewart. 1976. (Essays, No. 8). -008-4.

FIRE AND ICE: THE POETRY OF XAVIER VILLAURRUTIA, by Merlin H. Forster. 1976. (Essays, No. 11). -011-4.

THE THEATER OF ARTHUR ADAMOV, by John J. McCann. 1975. (Essays, No. 13). -013-0.

AN ANATOMY OF POESIS: THE PROSE POEMS OF STÉPHANE MALLARMÉ, by Ursula Franklin. 1976. (Essays, No. 16). -016-5.

LAS MEMORIAS DE GONZALO FERNÁNDEZ DE OVIEDO, Vols. I and II, by Juan Bautista Avalle-Arce. 1974. (Texts, Textual Studies, and Translations, Nos. 1 and 2). -401-2; 402-0.

GIACOMO LEOPARDI: THE WAR OF THE MICE AND THE CRABS, translated, introduced and annotated by Ernesto G. Caserta. 1976. (Texts, Textual Studies, and Translations, No. 4). -404-7.

LUIS VÉLEZ DE GUEVARA: A CRITICAL BIBLIOGRAPHY, by Mary G. Hauer. 1975. (Texts, Textual Studies, and Translations, No. 5). -405-5.

UN TRÍPTICO DEL PERÚ VIRREINAL: "EL VIRREY AMAT, EL MARQUÉS DE SOTO FLORIDO Y LA PERRICHOLI". EL "DRAMA DE DOS PALANGANAS" Y SU CIRCUNSTANCIA, estudio preliminar, reedición y notas por Guillermo Lohmann Villena. 1976. (Texts, Textual Studies, and Translation, No. 15). -415-2.

LOS NARRADORES HISPANOAMERICANOS DE HOY, edited by Juan Bautista Avalle-Arce. 1973. (Symposia, No. 1). -951-0.

ESTUDIOS DE LITERATURA HISPANOAMERICANA EN HONOR A JOSÉ J. ARROM, edited by Andrew P. Debicki and Enrique Pupo-Walker. 1975. (Symposia, No. 2). -952-9.

MEDIEVAL MANUSCRIPTS AND TEXTUAL CRITICISM, edited by Christopher Kleinhenz. 1976. (Symposia, No. 4). -954-5.

SAMUEL BECKETT. THE ART OF RHETORIC, edited by Edouard Morot-Sir, Howard Harper, and Dougald McMillan III. 1976. (Symposia, No. 5). -955-3.

DELIE. CONCORDANCE, by Jerry Nash. 1976. 2 Volumes. (No. 174).

FIGURES OF REPETITION IN THE OLD PROVENÇAL LYRIC: A STUDY IN THE STYLE OF THE TROUBADOURS, by Nathaniel B. Smith. 1976. (No. 176). 0-8078-9176-2.

A CRITICAL EDITION OF LE REGIME TRESUTILE ET TRESPROUFITABLE POUR CONSERVER ET GARDER LA SANTE DU CORPS HUMAIN, by Patricia Willett Cummins. 1977. (No. 177).

THE DRAMA OF SELF IN GUILLAUME APOLLINAIRE'S "ALCOOLS", by Richard Howard Stamelman. 1976. (No. 178). 0-8078-9178-9.

A CRITICAL EDITION OF "LA PASSION NOSTRE SEIGNEUR" FROM MANUSCRIPT 1131 FROM THE BIBLIOTHEQUE SAINTE-GENEVIEVE, PARIS, by Edward J. Gallagher. 1976. (No. 179). 0-8078-9179-7.

A QUANTITATIVE AND COMPARATIVE STUDY OF THE VOCALISM OF THE LATIN INSCRIPTIONS OF NORTH AFRICA, BRITAIN, DALMATIA, AND THE BALKANS, by Stephen William Omeltchenko. 1977. (No. 180). 0-8078-9180-0.

OCTAVIEN DE SAINT-GELAIS "LE SEJOUR D'HONNEUR", edited by Joseph A. James. 1977. (No. 181). 0-8078-9181-9.

THE LIFE AND WORKS OF LUIS CARLOS LÓPEZ, by Martha S. Bazic. 1977. (No. 183). 0-8078-9183-5.

When ordering please cite the *ISBN Prefix* plus the last four digits for each title.

Send orders to: University of North Carolina Press
                            Chapel Hill
                            North Carolina 27514
                            U. S. A.

The Department of Romance Studies Digital Arts and Collaboration Lab at the University of North Carolina at Chapel Hill is proud to support the digitization of the North Carolina Studies in the Romance Languages and Literatures series.

www.ingramcontent.com/pod-product-compliance
Lightning Source LLC
Chambersburg PA
CBHW022018220426
43663CB00007B/1121